Jeremias Moreira

O Cinema como Ofício

Jeremias Moreira

O Cinema como Ofício

Celso Sabadin

imprensaoficial

São Paulo, 2010

GOVERNO DO ESTADO
DE SÃO PAULO

Governador Alberto Goldman

imprensaoficial Imprensa Oficial do Estado de São Paul

Diretor-presidente Hubert Alquéres

Coleção Aplauso

Coordenador Geral Rubens Ewald Filho

No Passado Está a História do Futuro

A Imprensa Oficial muito tem contribuído com a sociedade no papel que lhe cabe: a democratização de conhecimento por meio da leitura.

A Coleção Aplauso, lançada em 2004, é um exemplo bem-sucedido desse intento. Os temas nela abordados, como biografias de atores, diretores e dramaturgos, são garantia de que um fragmento da memória cultural do país será preservado. Por meio de conversas informais com jornalistas, a história dos artistas é transcrita em primeira pessoa, o que confere grande fluidez ao texto, conquistando mais e mais leitores.

Assim, muitas dessas figuras que tiveram importância fundamental para as artes cênicas brasileiras têm sido resgatadas do esquecimento. Mesmo o nome daqueles que já partiram são frequentemente evocados pela voz de seus companheiros de palco ou de seus biógrafos. Ou seja, nessas histórias que se cruzam, verdadeiros mitos são redescobertos e imortalizados.

E não só o público tem reconhecido a importância e a qualidade da Aplauso. Em 2008, a Coleção foi laureada com o mais importante prêmio da área editorial do Brasil: o Jabuti. Concedido pela Câmara Brasileira do Livro (CBL), a edição especial sobre Raul Cortez ganhou na categoria biografia.

Mas o que começou modestamente tomou vulto e novos temas passaram a integrar a Coleção ao longo desses anos. Hoje, a Aplauso inclui inúmeros outros temas correlatos como a história das pioneiras TVs brasileiras, companhias de dança, roteiros de filmes, peças de teatro e uma parte dedicada à música, com biografias de compositores, cantores, maestros, etc.

Para o final deste ano de 2010, está previsto o lançamento de 80 títulos, que se juntarão aos 220 já lançados até aqui. Destes, a maioria foi disponibilizada em acervo digital que pode ser acessado pela internet gratuitamente. Sem dúvida, essa ação constitui grande passo para difusão da nossa cultura entre estudantes, pesquisadores e leitores simplesmente interessados nas histórias.

Com tudo isso, a Coleção Aplauso passa a fazer parte ela própria de uma história na qual personagens ficcionais se misturam à daqueles que os criaram, e que por sua vez compõe algumas páginas de outra muito maior: a história do Brasil.

Boa leitura.

Alberto Goldman
Governador do Estado de São Paulo

Coleção Aplauso

O que lembro, tenho.
Guimarães Rosa

A *Coleção Aplauso*, concebida pela Imprensa Oficial, visa resgatar a memória da cultura nacional, biografando atores, atrizes e diretores que compõem a cena brasileira nas áreas de cinema, teatro e televisão. Foram selecionados escritores com largo currículo em jornalismo cultural para esse trabalho em que a história cênica e audiovisual brasileiras vem sendo reconstituída de maneira singular. Em entrevistas e encontros sucessivos estreita-se o contato entre biógrafos e biografados. Arquivos de documentos e imagens são pesquisados, e o universo que se reconstitui a partir do cotidiano e do fazer dessas personalidades permite reconstruir sua trajetória.

A decisão sobre o depoimento de cada um na primeira pessoa mantém o aspecto de tradição oral dos relatos, tornando o texto coloquial, como se o biografado falasse diretamente ao leitor.

Um aspecto importante da *Coleção* é que os resultados obtidos ultrapassam simples registros biográficos, revelando ao leitor facetas que também caracterizam o artista e seu ofício. Biógrafo e biografado se colocaram em reflexões que se estenderam sobre a formação intelectual e ideológica do artista, contextualizada na história brasileira.

São inúmeros os artistas a apontar o importante papel que tiveram os livros e a leitura em sua vida, deixando transparecer a firmeza do pensamento crítico ou denunciando preconceitos seculares que atrasaram e continuam atrasando nosso país. Muitos mostraram a importância para a sua formação terem atuado tanto no teatro quanto no cinema e na televisão, adquirindo, linguagens diferenciadas – analisando-as com suas particularidades.

Muitos títulos exploram o universo íntimo e psicológico do artista, revelando as circunstâncias que o conduziram à arte, como se abrigasse em si mesmo desde sempre, a complexidade dos personagens.

São livros que, além de atrair o grande público, interessarão igualmente aos estudiosos das artes cênicas, pois na *Coleção Aplauso* foi discutido o processo de criação que concerne ao teatro, ao cinema e à televisão. Foram abordadas a construção dos personagens, a análise, a história, a importância e a atualidade de alguns deles. Também foram examinados o relacionamento dos artistas com seus pares e diretores, os processos e as possibilidades de correção de erros no exercício do teatro e do cinema, a diferença entre esses veículos e a expressão de suas linguagens.

Se algum fator específico conduziu ao sucesso da *Coleção Aplauso* – e merece ser destacado –, é o interesse do leitor brasileiro em conhecer o percurso cultural de seu país.

À Imprensa Oficial e sua equipe coube reunir um bom time de jornalistas, organizar com eficácia a pesquisa documental e iconográfica e contar com a disposição e o empenho dos artistas, diretores, dramaturgos e roteiristas. Com a *Coleção* em curso, configurada e com identidade consolidada, constatamos que os sortilégios que envolvem palco, cenas, coxias, sets de filmagem, textos, imagens e palavras conjugados, e todos esses seres especiais – que neste universo transitam, transmutam e vivem – também nos tomaram e sensibilizaram.

É esse material cultural e de reflexão que pode ser agora compartilhado com os leitores de todo o Brasil.

Hubert Alquéres
Diretor-presidente
Imprensa Oficial do Estado de São Paulo

Dedico este livro sobre Jeremias Moreira... ao próprio Jeremias Moreira, que me abriu as porteiras de sua produtora, de seu coração e de sua alma para que suas belas histórias de vida e de Cinema pudessem ser contadas.

Celso Sabadin

Diretor que é diretor não grita

Conheci Jeremias Moreira quando comecei a trabalhar como assessor de imprensa na versão 2009 do longa *O Menino da Porteira*. Quem me apresentou foi o produtor executivo do filme, Moracy do Val, profissional dos mais antenados, agitados, plugados e – como se diz na gíria – ligados no 220.

Jeremias era o oposto de Moracy. Calmo, tranquilo, de fala mansa. Pouco tempo depois, já no *set* de filmagens, pude apreciar de perto o método de Jeremias. Caipiramente – no melhor sentido da palavra – ele olhava com atenção para todos os detalhes, dava instruções com a voz baixa e segura, e ouvia pacientemente a quem quer que desejasse externar uma opinião. Transmitia para todo o *set* muita paz, segurança e o profissionalismo daqueles que sabem exatamente o que desejam de cada cena. Vez por outra, com um sorriso largo, chamava este ou aquele membro da equipe diante do *videoassist* para mostrar como tinha ficado bonita esta ou aquela cena. Para minha grande alegria, fui chamado também uma ou duas vezes para compartilhar a alegria de Jerê.

Tamanha era a sua tranquilidade, que Jeremias não gritava *ação*, nem *corta*, nem *silêncio*, nem nada. Esta tarefa ficava a cargo da Maria Farkas, sua assistente neste filme. Logo percebi: diretor que é diretor não grita. Manda gritar. Ao final do dia de filmagens, jantava alegremente com toda a equipe e recolhia-se cedo, para pensar no filme, para se concentrar para o dia seguinte, como um atleta. O que, aliás, ele é, pois acordava antes de todo mundo e corria seus 8 quilômetros diários. O Jerê é maratonista e viciado em corrida.

Entendi que a fórmula de sucesso de *O Menino da Porteira* passava pelo equilíbrio estabelecido entre a alta voltagem de Moracy e o poder de concentração de Jeremias.

Meses depois, já com o filme tendo levado 700 mil brasileiros às salas de cinema, tive a oportunidade de me reencontrar com Jeremias para a série de entrevistas que resultou neste livro. Foram encontros memoráveis, onde Jerê se transformou num moleque, riu ao contar suas histórias de infância, falou sobre cinema, mercado e cultura, e relembrou – sempre com seu largo sorriso – várias passagens de sua vida profissional. *Serviu como uma terapia*, me confidenciou após uma tarde de gravações.

Se este livro foi uma terapia para Jerê, para mim foi mais uma aula. Ou várias. Não apenas aulas de cinema, mas de vida, de autenticidade, de caipirice, de generosidade. Aulas que através deste livro estão agora muito bem apreendidas e devidamente apostiladas.

Boa leitura.

Para minha filha Juliana que não teve tempo de ver este livro concluído.

Jeremias Moreira

Eu era produtor executivo e não sabia.

Atendi ao telefone e do outro lado da linha estava o Celso Sabadin com a proposta de realizar minha biografia para a Coleção Aplauso, da Imprensa Oficial do Estado de São Paulo.

Aceitei envaidecido, mas depois conjecturei se minha vida tinha alguma relevância que pudesse interessar a alguém. Aí, lembrei da época do ginásio, nas cidades onde morei – Taquaritinga, Engenheiro Schmidt, Adamantina e Jaboticabal – quando fui considerado um caso perdido por professores e parte da família, de tanto que fiquei reprovado. E ponderei que só por isto valeria a pena, sim. Que seria um jeito de mostrar para as pessoas que tem alguma dificuldade com o convencional que há vida por outros caminhos ou formas. Não estou propondo com isso um desprezo ou boicote ao ensino formal. Pelo contrário, lamento ter tido dificuldades na escola e não haver profissional especializado que me ajudasse a lidar com isso, na época. De qualquer forma, quando se toma um caminho não há como comparar com os outros possíveis. Apenas, sei que fiz do meu jeito e foi do meu jeito que toquei em frente. Tenho batalhado muito, conseguido realizar algumas coisas, ora me dado bem, ora me dado mal – mais bem do que mal – e acho que passei longe de ser o *caso perdido*, como foi diagnosticado na época.

Era bom em matemática e desenho, mas péssimo em línguas e cometia muitos erros de ortografia. O português, o francês, o inglês e o latim – sim, na época se estudava latim – atrasaram anos de minha vida, sem contar as consequências colaterais das inúmeras repetências. Mas o interessante é que ninguém considerava o meu desempenho nas atividades extracurriculares.

Era atuante no grêmio com grande participação político-estudantil. Era o cara que organizava a fanfarra, os bastidores do grupo de teatro, a promoção de eventos culturais, o time de futebol. Enfim, sem saber, eu era um tremendo produtor executivo e alguém jamais olhou para isto.

Pelo menos, conscientemente, ser considerado um *caso perdido* nunca afetou meu emocional. Acho que, no fundo, eu sabia quanto valia e sempre toquei minha vida com tranquilidade. E foi com tranquilidade e confiança que, em 1964, percebi que meu futuro não estava numa cidade do interior e parti, *com uma mão na frente e outra atrás*, à procura do meu caminho em São Paulo.

Esta e muitas outras histórias eu agora divido aqui com os leitores que porventura venham a se interessar por este ex-*caso perdido*.

Jeremias Moreira

Capítulo I

Tudo Começou com os Irmãos Marx... em Taquaritinga

A primeira lembrança cinematográfica que tenho em minha cabeça é uma cena de um filme dos Irmãos Marx. Nela, Harpo segue um tipo mal-encarado, suspeito de alguma tramoia, por uma rua escura, onde se vê uma porta fechada. O sujeito bate à porta. Surge um homem que lhe pede uma senha, ao que o tipo mal-encarado responde: *Peixe-espada*. A entrada lhe é liberada. Harpo, vendo aquilo, também quer entrar. Bate à porta, aparece novamente o mesmo homem que também lhe pede a senha. Mas Harpo é mudo e, obviamente, não consegue falar. Ele então simplesmente abre seu capote e, como se fosse a coisa mais natural do mundo, tira de dentro dele um peixe e uma espada. Mostra o seu *peixe-espada* para o porteiro e finalmente resolve o problema, para a gargalhada geral da plateia.

Era convenção de que no interior do capote de Harpo havia uma verdadeira contrarregra dos mais diversos materiais. E aí é que estava a graça: o público já esperava para ver o que ia sair do capote.

Eu era bem pequeno, não sei dizer quantos anos tinha, mas achei tudo aquilo genial. E acho que foi naquele momento, dentro de um cinema de uma pequena cidade do interior paulista, que eu decidi o que queria fazer na minha vida: cinema.

Além disso, havia também um fator que talvez eu possa chamar de atávico ou mesmo genético: meu pai era totalmente fissurado por cinema! Em Taquaritinga, onde nasci, havia dois cinemas. O São Pedro e o São Benedito. E meu pai ia às sessões praticamente todas as noites. É até engraçado pensar nisso hoje, mas na época em que eu nasci – 1942 – Taquaritinga tinha aproximadamente 20 mil habitantes, e dois cinemas, cada um deles com duas sessões diárias: uma às 20 e outra às 22 horas. E as quatro lotavam! Meu pai gostava tanto de cinema que às vezes ele pegava a sessão das 20 no São Pedro e a das 22 no São Benedito. Ou vice-versa. E eu cresci indo aos cinemas de Taquaritinga todas as terças, sábados e domingos, que eram os dias da semana onde eram exibidos os seriados apreciados por toda a garotada. Nyoka, Flash Gordon, Tarzan... todos eles. Meu pai influenciou minha paixão pelo cinema.

Capítulo II

Luzes, Forno de Barro, Ação!

Na verdade eu *fazia cinema* desde muito pequeno, sem câmera mesmo. Morávamos numa casa bem grande, de esquina, onde uma das ruas era plana, e a outra era um aclive bem acentuado. Isso fazia com que esta casa tivesse um porão bem grande, além de um quintal cheio de árvores e um velho forno de barro já meio destruído. Quando meus amigos iam brincar em casa, não era na base do improviso, não. Tudo era roteirizado com antecedência: combinávamos antes qual seria o papel de cada um. Conforme a brincadeira, aquele forno de barro poderia ser um B-22 da Segunda Guerra Mundial, um submarino ou um tanque de guerra. Acho que ali eu já estava fazendo cinema, meio que dirigindo meus amigos.

Peguei o gosto pela coisa, e quando cheguei à adolescência ia aos cinemas quase todos os dias. Eu via de tudo! Tom Mix, Roy Rogers, os Irmãos Marx, filmes de espadachim com Errol Flynn, *O Gavião e a Flecha* e *O Pirata Sangrento*, ambos com Burt Lancaster... tudo o que passava lá!

Minha infância e adolescência foram meio nômades. Estudei num colégio perto de São José do Rio Preto, numa cidadezinha chamada Engenheiro Schmidt, que hoje inclusive faz parte de São José. Era um colégio interno de padres agostinianos, espanhóis, e foi neste período que eu cortei todos os meus laços com a Igreja. Na época havia exame de admissão para entrar no ginasial. Português era eliminatório, e como eu cometia muitos erros de ortografia, deixei de ser aprovado por duas vezes. Acho que por isso me internaram no Colégio São José em Engenheiro Schmidt.

Eu era um garoto de estatura alta e me colocaram numa das mesas do pessoal da terceira série, no refeitório. Havia uma hierarquia na fila de entrada. A primeira série era a última a entrar. Na mesa, os primeiros a chegar serviam-se primeiro e eu sempre chegava por último. Então comecei a furar a fila. O padre Luciano tomava conta da entrada e quando ele ficava de costas eu ultrapassava o pessoal da frente, que não contestava, por medo dele. Um dia o padre virou-se exatamente no momento em que eu estava fazendo uma destas ultrapassagens. Ele costumava ficar com as duas mãos enfiadas nas mangas opostas da batina e permaneceu impassível até eu alcançá-lo. Quando passei por ele, padre Luciano simplesmente me tirou da fila, lascou um tremendo tapa no meu rosto e me mandou para fora. Era a fila do café da manhã, que acontecia às 6 horas. Às 7 horas passava um trem para Taquaritinga. Revoltado, pulei o muro do colégio e fui direto para a estação. Eu não tinha um tostão no bolso e ia entrar no trem pra ver no que dava. Enquanto aguardava o trem, comecei a fantasiar o que iria acontecer quando chegasse em casa. Eu já tinha um histórico não muito positivo em relação aos estudos e pintou o medo de apanhar do meu pai e ser mandado de volta. Por volta das 6h30, chegaram os bedéis do colégio, que foram gentis e me convenceram a voltar. Recentemente contei esta história a um amigo e ele perguntou se algum dia eu tinha comentado com meu pai. Não havia, e meu pai já era falecido, então jamais vou saber qual teria sido o desfecho. Como metáfora de rebeldia, lamento muito não ter tomado aquele trem. Acho que teria feito diferença na minha postura diante do mundo. De qualquer forma foi o marco do meu rompimento com religião.

Depois minha família mudou-se para Adamantina, e mais tarde, em 1958, fui morar com meu irmão mais velho, o Lau, em Jaboticabal. Em Engenheiro Schmidt, lugarejo com não mais de 5 mil habitantes, havia uma única sala de cinema, e tanto Adamantina como Jaboticabal também tinham dois cinemas cada uma.

Eu me lembro perfeitamente que aos 14 anos de idade, já morando em Jaboticabal, li duas obras que me marcaram demais: a coleção *O Tempo e o Vento*, de Érico Veríssimo, e *Os Meninos da Rua Paulo*, do húngaro Ferenc Molnár. Elas me fascinaram muito, e eu ficava só imaginando como seria fantástico adaptá-las para o cinema, como seria maravilhoso contar aquelas histórias através de imagens. Inclusive certa vez, numa palestra, ouvi a Lígia Fagundes Telles dizendo que o texto de Érico Veríssimo é muito – palavra dela – *imagético*. E, de fato, lendo o livro eu via imagens. Quanto ao livro de Molnár, de certa forma, ele lembra muito a minha história.

Fui *moleque de rua*, que na época tinha a conotação de viver livre e solto. Eu morava na Rua Rui Barbosa, que era conhecida como Rua de Cima. A paralela de baixo era a Rua dos Domingues, chamada de Rua de Baixo. Evidentemente eu pertencia à turma da Rua de Cima e vivíamos às turras com a turma da Rua de Baixo. Nos anos 1950, as ruas de Taquaritinga eram de terra e para a instalação da rede de esgotos, que se iniciava, a prefeitura abria valetas, que no início da noite eram transformadas em verdadeiras trincheiras pela molecada. As disputas pelo direito de utilizar estas valetas nas brincadeiras era motivo de acirradas *guerras* entre as duas turmas. Existe até semelhanças entre as fatalidades ocorridas com Nemecsek, personagem do livro, e com Zé Maria, um garoto negro e forte, três anos mais velho que eu e muito meu amigo. Era costume nossa turma ir nadar num laguinho, na zona rural, a alguns quilômetros de Taquaritinga. Nestas ocasiões caminhávamos pela ferrovia. No remake do *O Menino da Porteira* faço referência a esta situação. Havia muita taboa neste laguinho, que os artesãos retiravam para o fabrico de assentos de cadeira. A taboa é uma grande erva que nasce e cresce – até 3 metros – em lagoas e, quando cortada, bem rente ao fundo, sobra o talo, no lodo. O Zé Maria espetou o pé num desses talos e fez um corte considerável. Sua avó, com quem ele morava, fez um curativo caseiro. Alguns dias depois a ferida infeccionou e evoluiu para o tétano. Zé Maria foi hospitalizado, mas a doença estava em estágio avançado e ele não resistiu. Praticamente foi o fim da turma da Rua de Cima. Não sei o porquê. Se foi por estarmos saindo da infância... enfim, depois disso acabaram-se as brincadeiras na rua.

Os Meninos da Rua Paulo narra uma história humana e envolvente, mas creio que a identificação e o desejo de transformá-la em filme se deviam às lembranças que provocava de minha infância. Só sei que queria fazer cinema, mas não tinha a mínima ideia sequer de como começar a ir atrás deste sonho

Capítulo III

Conselho: Aparecer na Boca!

No comecinho dos anos 1960, jovens de Jaboticabal que estudavam em faculdades em outros municípios criaram uma entidade, creio que chamada Centro dos Estudantes Universitários de Jaboticabal (CEUJ), que nas férias de julho promovia a Semana Universitária. Era um evento que consistia em shows, palestras e atividades culturais na cidade. Numa destas palestras, o Maurice Capovilla foi convidado para falar sobre cinema, e evidentemente eu fui lá assistir. Terminada a palestra, me aproximei dele e meio que timidamente perguntei o que era necessário para começar a fazer cinema. Ele me respondeu que a melhor coisa que eu poderia fazer era *aparecer lá na Boca*. E fiquei sem entender nada, porque eu não tinha a mínima ideia do que aquela frase poderia significar. *Aparecer lá na Boca?* O que seria isso?

Naquela época, uma das carreiras de maior sucesso que uma pessoa poderia almejar era passar no concurso do Banco do Brasil. De certa forma eu era um ser estranho porque meus colegas falavam que queriam ser médicos, engenheiros, advogados, mas eu não conhecia ninguém, ninguém mesmo, que falasse que queria fazer cinema. O mais perto que alguém do meu relacionamento já havia chegado disso era uma amiga minha que estudava Música. Aí, tudo bem, porque existiam os Conservatórios. Mas e cinema, por onde que se começa a fazer? Pra mim, era um mistério.

Até porque na minha família não havia ninguém do mundo artístico. Meu pai, também chamado Jeremias, era um comerciante. Minha mãe, que se chamava Lyrss Carolina, era dona de casa. E para piorar um pouco a minha situação, eu era considerado aquele filho que tinha tudo para dar errado.

Eu era o caçula de cinco irmãos. Pela ordem, o mais velho era Wenceslau Moreira da Silva Netto (o Lau), Wlandislau Moreira da Silva (apelidado Dinho), Rosa Moreira da Silva (Rosita) e Lyria Sebastiana Moreira da Silva. E, além disso, eu nasci fora de época, temporão, 14 anos depois do Lau. E meus irmãos eram todos estudantes brilhantes, bem-sucedidos, que nunca deram trabalho para os meus pais. Eu, pelo contrário, embora fosse bom em Matemática e Desenho, tinha problemas com os estudos, e repeti de ano várias vezes. Era péssimo em Línguas – recentemente descobri que tenho sintomas que sugerem certo grau de dislexia. Mas me dava bem nas atividades extracurriculares como Teatro, Fanfarra, Eventos

Culturais, o Grêmio, e era tachado como uma espécie de ovelha negra. Ninguém percebia que o meu potencial não estava no estudo formal, mas, sim, nestas atividades mais alternativas. Ninguém percebia isso. Acho que nem eu.

Ser considerado como o filho que tinha tudo pra dar errado não chegou a ser um trauma para mim. Eu levava a vida com tranquilidade, até que em 1964 resolvi me mudar para São Paulo.

Capítulo IV

São Paulo: 14 Numa República

Como eu era muito inquieto, muito curioso pelas coisas e, claro, queria de alguma forma começar a fazer cinema, segui o caminho óbvio e clássico de trocar o interior pela capital. Não sabia nem como começar a procurar algum trabalho na área, mas tinha total consciência de que no interior eu não conseguiria ser cineasta de jeito nenhum.

Lembro-me bem que cheguei a São Paulo no começo de março, alguns dias antes do golpe militar. Matriculei-me num curso de Artes Plásticas e Cenografia na Faculdade Belas Artes, que naquela época funcionava no prédio da Pinacoteca, pertinho da Estação da Luz. Descia no ponto do ônibus bem perto do prédio onde na época funcionava o Departamento de Ordem Pública e Social (DOPS), um dos principais ícones da repressão. E eu me lembro que na manhã do golpe, no dia primeiro de abril, toda aquela área estava tomada por barricadas e veículos militares. Era uma manhã de neblina que me fez lembrar aqueles filmes da Segunda Guerra Mundial, aquele clima europeu, o prédio do DOPS com veículos militares tendo ao fundo a

Estação Roosevelt. Era pura atmosfera de neorrealismo italiano!

Nos meus primeiros oito ou nove meses de São Paulo fui morar na casa de minha irmã Rosita, no bairro da Vila Mariana. Achava que minha entrada para o cinema poderia acontecer através daquele curso na Belas Artes. Achei que Cenografia poderia ser um caminho. Não foi. No ano seguinte fiz um curso de cinema no Foto Cine Clube Bandeirantes, que na época ficava na Rua Avanhandava, e que é até hoje uma tradicionalíssima escola de Fotografia.

Como eu tinha vários contatos com outros jovens que também tinham trocado Jaboticabal por São Paulo, resolvi sair da casa da minha irmã e, junto com alguns destes colegas que moravam em diversas pensões, alugar um apartamento para fazermos uma república. Este apartamento ficava num prédio na esquina da Alameda Glete com a São João. Um pouco mais tarde veio uma outra leva de pessoas de lá que se hospedou com a gente e que depois alugou um apartamento próximo. Eram tempos românticos. Na São João passava bonde, não havia o Minhocão, e todos nós fizemos amizade com as prostitutas que faziam ponto nas imediações.

Mais um tempo se passou, talvez um ano, e todos nós decidimos então alugar uma casa maior na Rua Baronesa de Itu, onde reunimos as duas Repúblicas e passamos a morar em 14 pessoas. Era uma festa! Como tudo era perto, havia bastante condução, e São Paulo era uma cidade muito mais fácil de viver do que é hoje, nós aproveitávamos ao máximo a vida cultural da capital. Íamos direto aos cinemas do centro, aos teatros, a todo tipo de atividade cultural que aparecesse. Assistíamos a tudo. E, claro, ao futebol também. O Pacaembu ficava perto e a gente ia a pé.

Pouco tempo depois, o cursinho preparatório para vestibulares dos alunos de Filosofia da USP teve uma briga interna, rachou, e criou uma dissidência que decidiu montar o seu próprio cursinho, o Equipe. O novo cursinho passou então a funcionar no prédio do Imaculada Conceição, antigo colégio que dava fundos exatamente para a casa em que nós morávamos, na Baronesa de Itu. Então, nossa república de 14 pessoas, que já era agitada, de repente passa a ter como vizinho nada menos que um cursinho inteiro. Evidentemente foi uma república muito marcante e virou ponto de referência da juventude para festas, palestras e todo tipo de agitação.

Capítulo V

A Sorte de Cruzar com Camilo Sampaio e Person

Mas nem tudo era festa. Trabalhar era preciso. Arrumei um emprego de desenhista de arquitetura no Departamento de Engenharia da Secretaria de Agricultura do Estado, que ficava no Parque da Água Branca. Em seguida, indicado por um colega de república, que cursava Arquitetura, comecei a fazer serviços *free lance* como desenhista. E vivia disso. Dava para o gasto, mas ainda não tinha nada a ver com o tão sonhado cinema. A inquietação continuava.

No curso que fazia no Foto Cine Clube Bandeirantes, entrei num grupo de alunos que queria realizar um curta-metragem para participar do Festival JB de Cinema Amador, evento que o *Jornal do Brasil* promovia naquela época e que tinha bastante prestígio. Fizemos o curta e nada aconteceu. Não ganhamos nada, mas o fato é que de toda a equipe eu era o que menos entendia de cinema. Tanto que me puseram para ser um dos atores do filme. Mas foi o suficiente para começar a entender alguma coisinha do assunto e para começar a travar contato com algumas pessoas da área. Mesmo porque no Bandeirantes já havia bastante gente trabalhando em cinema profissional, principalmente em produtoras de publicidade. Motivado por este primeiro curta, tive a ideia de fazer um documentário sobre os Jogos Abertos do Interior, que naquele ano seriam realizados justamente em Jaboticabal. Como eu conhecia as pessoas da cidade, pedi apoio para a prefeitura, que prometeu me ajudar com qualquer coisa... menos dinheiro. Com a cara e com a coragem fui então ao Departamento de Marketing do Banco do Estado de São Paulo (Banespa) que, incrivelmente, aceitou patrocinar o filme. Se bem que, verdade seja dita, era uma quantia insignificante...

Consegui um diretor de fotografia profissional para me ajudar e aluguei duas câmeras 16 mm Paillard Bolex na locadora do Honório Marin, que ficava na Rua Bento Freitas. Aliás, o Honório cedeu as câmeras sem nos conhecer, sem um cadastro, nada. Apenas foi com minha cara e disse: *Um jovem que pretende fazer cinema, geralmente não bate bem da cabeça, mas desonesto não é!* Quando estava pronto para ir a Jaboticabal, o tal diretor de fotografia profissional me deu o cano e eu convidei para o lugar dele o Ricardo Iglesias, um amigo meu que era estudante de Engenharia da USP e que gostava de fotografia.

Ricardo e eu captamos as imagens, editei tudo, e fui mostrar o copião para o Banespa. Eles detestaram.

O filme não deu certo, mas ali eu percebi que os Jogos Abertos do Interior tinham um potencial muito grande para se fazer um bom documentário. E tive a consciência de que não seria eu a fazê-lo, naquela época. Ainda com a ideia na cabeça, e com a ajuda da minha prima Madalena Chiapetta, que trabalhava na Jean Manzon Produções, consegui chegar ao Camilo Sampaio, produtor de cinema que havia trabalhado na Vera Cruz e que naquele momento era produtor executivo do Jean Manzon, e apresentei o projeto. Camilo não se interessou, mas passou a bola para o Luiz Sérgio Person, que achou interessante. Fomos então à Secretaria de Esportes e Turismo propor o projeto para que eles bancassem o curta. A Secretaria não se interessou, mas com isto eu me aproximei do Person, que percebeu meu interesse por cinema.

Neste meio-tempo, Camilo Sampaio havia sido contratado como produtor executivo pela G.Smith, produtora de filmes publicitários de muito sucesso na Argentina e que tinha se instalado no Brasil. A G.Smith trouxe para nosso país grandes profissionais, como os diretores de fotografia Félix Monti e Rodolfo Sanchez. Camilo levou Sérgio Person para dirigir um filme para os

Cosméticos Coty, uma marca da Gessy Lever. O Person me encaixou na equipe como assistente de produção, o que para mim foi muito interessante porque tive a oportunidade de fazer parte de uma equipe de cinema de verdade e de conhecer melhor o Person.

Porém, num filme anterior, o Person e a equipe da G. Smith não haviam se dado bem, dando início a certa animosidade entre eles. E como eu havia chegado até lá levado por ele, a turma também me rejeitou. Durante a filmagem, eu levava pau de todo lado: da equipe e do Person. Detestei o primeiro dia, tive que varrer cenário, servir cafezinho, estas coisas. Quase não volto no segundo dia. Mas refleti muito e percebi que estava ali minha grande chance e que não deveria deixar passar. Na manhã do segundo dia, fui o primeiro a chegar. A equipe me recebeu bem porque viu que eu também tomava pau do Person, e acabamos nos entrosando.

Foi durante este meu primeiro trabalho com cinema profissional que finalmente percebi a confirmação da minha vocação. Percebi que era exatamente aquilo que eu queria fazer como profissão. Percebi também que o que eu fazia no tempo de estudante, como atividade extracurricular, em seu mais alto grau, era Produção. Então, tirei aquilo de letra. Como assistente de produção surpreendi a todos. Parecia um veterano. Cheguei até a arrumar alguns objetos e locações para o filme. Realmente eu era muito mais do que um iniciante. No cinema sim eu era iniciante, mas como produtor não. Eu só não tinha consciência disso. Já fazia tudo aquilo há muitos anos como estudante. Só não sabia que se chamava Produção.

Neste meio-tempo Person resolveu ativar a Lauper Filmes, produtora que ele tinha em sociedade com Glauco Laurelli. A Lauper (Laurelli + Person) produziu, por exemplo, o clássico *O Caso dos Irmãos Naves* e *A Moreninha*. Glauco Laurelli era também grande cineasta e montador. Dirigiu alguns filmes do Mazzaropi, e *A Moreninha*. A Lauper era mais dedicada aos longas-metragens, ao cinema não publicitário. E o Person passou a direcioná-la para filmes publicitários. A Lauper estava sediada na Boca do Lixo, na Rua dos Gusmões, o que fez com que finalmente eu chegasse na *Boca* que o Capovilla, anos antes, havia me sugerido. O principal ponto da Boca era o Bar Soberano, que ficava na Rua do Triunfo. Por ali circulavam Ari Fernandes, João Batista de Andrade, Jairo Ferreira, Carlos Reichenbach, Francisco Ramalho Jr., Antônio Lima, João Silvério Trevisan, Ozualdo Candeias, Sebastião de Souza, Fauzi Mansur, Antônio Meliande, Osvaldo de Oliveira, Vergílio Roveda, Jean Garret, José Mojica Marins,

Tony de Souza, Sérgio Hingst, Silvio Renoldi, Inácio Araújo, Cláudio Portioli, enfim, o pessoal que marcou o cinema paulista daquela época.

Como o Person estava sempre muito atarefado, comecei a ser uma espécie de faz-tudo para ele. Eu era produtor, assistente de direção, um pouco de tudo. Resultado: em cinco meses, saí do zero absoluto para, digamos, 80% em relação ao que eu aprendi em cinema. Person delegava muito, o que era ótimo pra mim. Ele nem me perguntava se eu sabia fazer ou não: simplesmente mandava que eu fizesse, e eu corria atrás para aprender.

O primeiro trabalho que fiz com o Person, na Lauper, foi um filme para as Lojas Riachuelo, realizado na filial da Rua Direita. Person chamou o pessoal da Boca, que trabalhava com ele em longas. O fotógrafo foi o Osvaldo de Oliveira; o produtor, Serginho Ricce; Toninho Meliande, assistente de câmera; e Miro, eletricista. Quer dizer, era gente da *pesada* e eu me senti fascinado.

Depois do filme editado, Person mandou que eu fosse no Reindel fazer a trucagem. O Joseph Reindel tinha uma finalizadora de trucagem na Rua da Abolição, ao lado do laboratório Rex Filmes. Eu levei o copião e o master. Quando Reindel viu que o master não estava marcado, me deu a maior bronca. Eu nem sabia o que era trucagem e já estava levando porrada. Reindel percebeu que eu era principiante e aliviou. No segundo filme eu pedi ao Reindel para me ensinar a fazer marcação de trucagem. A partir daí eu passei a fazer as marcações. E, assim, eu me virava. Desse jeito aprendi muita coisa. Foi ótimo. Foi uma forma de eu dar conta da responsabilidade.

Foi um grande salto na minha vida, não só profissionalmente, como também financeiramente. Até então, os empregos que eu tinha me rendiam pouco mais que um salário mínimo. De repente comecei a ganhar dez vezes mais. A presença do Glauco também foi muito importante porque ele era montador, um dos maiores que a gente teve no país. Eu levava os filmes e acompanhava a montagem que o Glauco fazia. De observar eu comecei a aprender a montar. Já tinha trabalhado com uma daquelas moviolinhas manuais no curta sobre os Jogos Abertos do Interior de Jaboticabal. A proximidade com o Glauco foi um grande aprendizado na área, foi o primeiro passo para eu ser montador, que era uma coisa técnica que eu desejava muito. Eu queria sair da área de Produção, que eu sabia fazer, fazia bem, mas não me dava prazer. Na Produção trabalha-se mais a infraestrutura, mas só depois de ser montador é que me tornei Diretor.

Nos últimos anos que eu estava trabalhando com o Person, comecei a dirigir alguns filmes publicitários para ele. Muitas vezes ele passava quase a semana inteira na casa que tinha em Ubatuba, e era comum ele pedir para que eu dirigisse um ou outro filme em nome dele. Tem uns três comerciais que o pessoal da agência e o cliente acharam que foi o Person que dirigiu, mas na verdade fui eu.

E eu adorava isso, porque era uma oportunidade de fazer o que sempre quis e de aprender mais. O primeiro deles foi um filme de biscoitos Petybon. O Person quis assegurar que tudo correria bem e colocou dois fotógrafos. Na opinião dele, o Sílvio Bastos era bom iluminador e o Jorge Bodanzky, bom câmera. Foi a pior coisa que poderia acontecer a um estreante, pois ficou um clima de rivalidade entre os dois que eu tive que administrar o tempo todo.

Capítulo VI

1971: *Pantanal de Sangue*, o Primeiro Longa

Foram necessários alguns anos antes que eu conseguisse trabalhar num longa-metragem. A oportunidade veio por intermédio de Reynaldo Paes de Barros, cineasta que estudou na Universidade da Califórnia e que trabalhou como diretor de fotografia em *O Menino de Engenho*, quando voltou para o Brasil.

Reynaldo tinha algum equipamento e fotografou filmes publicitários de Person. Mas ambos tinham temperamentos totalmente opostos: Person era politizado e Reynaldo era técnico. Eles não se deram muito bem, mas eu me tornei amigo do Reynaldo. Quando Reynaldo foi realizar o longa *Pantanal de Sangue*, em 1971, ele me convidou para a produção e assistência de direção, e é claro que imediatamente aceitei. Tirei férias do Person e fui para Mato Grosso fazer o filme. Era uma equipe pequena, tudo foi feito na fazenda Santo Antonio do Paraíso, nas margens do Rio Piqueri. Reynaldo comprou um avião monomotor Cessna e uma vez por semana íamos a Rondonópolis, que era uma hora de voo, despachar o negativo para São Paulo e pegar o copião, que vinha de volta, e assistir no cinema da cidade.

No elenco de *Pantanal de Fogo* estavam Chico de Franco, Elza de Castro, Milton Ribeiro, Jorge Karan e meu sobrinho Jean Stefan, que na época tinha 8 anos. O Jean havia feito alguns filmes publicitários com o Person, que o Reynaldo fotografara, e atuava com muita espontaneidade. Por isso o Reynaldo o incluiu para fazer o papel do filho do casal protagonista. Milton Ribeiro havia feito o cangaceiro Galdino Ferreira, papel marcante no clássico *O Cangaceiro*, de Lima Barreto, que em 1953 causara grande impacto no Brasil e no Festival de Cannes. Eu assisti ao *O Cangaceiro* ainda garoto, embalado por toda a comoção que o filme despertava, e a figura do Galdino, o chefe dos cangaceiros, era de uma presença mítica na minha lembrança. Então, ter o Milton Ribeiro/Galdino filmando comigo, no pantanal, era muita emoção. Ele chegou alguns dias depois das filmagens já terem começado e como a viagem era longa e cansativa, eu quis ser gentil e fui consultá-lo se poderia programá-lo para o dia seguinte. Só que fui infeliz na forma como me expressei. Disse algo assim: *Então, Milton, posso escalá-lo amanhã? Você já estudou o roteiro?* Ele ficou possesso por eu ter perguntado se já havia estudado o roteiro e respondeu que não estava lá para fazer piquenique, que era profissional e outras coisas. Passou vários dias perguntando para pessoas da equipe, que ele já conhecia, se eu era novato em cinema. Com o passar dos dias ele relaxou e nos demos bem no restante da filmagem. Também passei a medir as palavras ao falar com ele. Assim fui *batizado* com meu primeiro longa.

Voltei a São Paulo e continuei a trabalhar no cinema publicitário.

Nesta época, Sílvio Bastos e Enzo Barone montaram a Filmcenter, e quando entrou o primeiro filme, Enzo sofreu um acidente de carro e me chamaram para substituí-lo na produção. Era um comercial de Sandálias Havaianas com a atriz Pepita Rodrigues. O filme não estava sendo aprovado pela agência, que não gostava da montagem. Eu falava para o montador montar de uma determinada maneira e ele se recusava a me atender. Neste meio-tempo chegou a moviola da produtora, uma Prevost importada da Itália. Depois de algumas versões de montagem recusadas pela agência, resolvi eu mesmo tentar montar como eu via que deveria ser. Sentei na moviola e *catando milho* editei do meu jeito e mostrei para o Sílvio Bastos. O Sílvio gostou muito e apresentou para a agência. O filme foi aprovado e passei a ser um montador em potencial.

Mas o verdadeiro aval veio mesmo do Julio Xavier. Julinho, como era conhecido, era diretor da Alcântara Machado, hoje Almap, e dirigiu na produtora um filme de Eucatex, com Juca de Oliveira e Paulo Autran. Foi minha primeira montagem com um diretor ao lado, eu estava um pouco tenso, mas correu tudo bem. Julinho foi bastante paciente e ao final me cumprimentou, agradeceu e foi para o Bar do Zé. A Filmcenter ficava na Rua 13 de Maio e em frente ficava o Bar do Zé, onde se almoçava e a turma ficava bebendo umas e outras nos finais de tarde. Minutos depois que Julinho saiu, Sílvio veio lá do Bar e disse que Julinho havia gostado de trabalhar comigo. Definitivamente eu estava oficializado como o montador da Filmcenter.

Eu não tinha assistente e fazia todo o processo de finalização: editava, separava negativo, fazia o master, marcava a truca, cuidava da dublagem, da mixagem e finalmente tirava as reduções. Tudo era filmado em 35mm e depois de todo o processo faziam-se cópias em 16mm, chamadas redução, para ser enviadas para a TV.

Nesta época conheci, no laboratório Rex, o Edgar Ferretti, um gaúcho que tinha uma produtora em Porto Alegre, a Módulo. No Sul não havia laboratório e o pessoal tinha que processar seus filmes aqui em São Paulo. Ferretti andava à procura de alguém que pudesse receber o material pelo malote e concluísse todo o processo sem que ele tivesse que vir a São Paulo, e me propôs um esquema. Ficava bem mais barato. Conversei na Filmcenter, que não opôs empecilho, e eu me acertei com o Ferretti. Passei a ser o montador de duas produtoras e neste ano de 1972 eu montei muitos filmes que me deram muita experiência.

Capítulo VII

Dirigir Ator é Preciso!

Um fato que me incomodava nos filmes nacionais dos anos 1970/1980 era a falta de direção dos atores. A maioria dos diretores não tinha conhecimento de interpretação e não orientava os atores, o que era visivelmente desagradável. Até nisso tive sorte: trabalhei com Person e, mais tarde, com Roberto Santos e Roberto Palmari, que dirigiam bem ator, e *suguei* tudo o que pude, sobre interpretação, dos atores Jofre Soares, Wanda Kosmo, Célia Helena e Fernando Peixoto durante as filmagens de *O Predileto*. Eu queria ser diretor e queria saber dirigir ator.

Eugênio Kusnet, grande ator de teatro e de alguns filmes da Vera Cruz, e que foi um dos introdutores do Método Stanislavisk no Brasil, estava dando no Teatro Aliança Francesa um curso sobre o processo criado e desenvolvido pelo diretor russo. O curso era só para atores, mas consegui acompanhar como ouvinte. No ano seguinte, 1972, o Balleteatro, escola voltada para dança e artes cênicas, que ficava na Rua Alves Guimarães, iniciou um curso de interpretação, com duração de dois anos, ministrado por Kusnet. As vagas eram limitadas e havia um teste de seleção. Expliquei ao Kusnet que não pretendia ser ator, mas entender como era todo o processo de um ator na criação de um personagem. Ele achou interessante esta minha intenção e me aceitou, porque eu jamais teria passado no teste.

Depois de já ter filmado *O Menino da Porteira* e *Mágoa de Boiadeiro*, voltei a cursar o Macunaíma e tive aulas com Sylvio Zilber e com Iacov Hillel. Mais tarde conheci o trabalho desenvolvido por Viola Spolin, diretora ítalo-americana que criou a Young Actors Company Hollywood, escola de interpretação voltada para crianças e não atores. Ela partiu do princípio que qualquer pessoa que desejar pode ter valor no palco e trabalhava muito a improvisação. Eu mesclei Viola Spolin com Stanislavisk e apliquei, com muito sucesso, em muitos filmes publicitários, principalmente com crianças.

Mas na área da publicidade eu cada vez mais me especializava e me firmava como montador. Os diretores gostavam de trabalhar comigo pela minha boa vontade em fazer o que pediam. Nunca dei minha opinião antes de fazer um corte ou executar uma sequência. Mesmo sentindo que não ia funcionar, primeiro eu fazia para depois dar minha opinião. Defendia com determinação meu ponto de vista, mas entendia que o filme era do diretor e a palavra final era dele.

Em 1973 virou moda, no meio publicitário, finalizar filmes na Argentina. O Laboratório Alex de Buenos Aires tinha realmente mais profissionalismo e qualidade que os nossos. Era um prédio imponente com a fachada toda em mármore e ficava no bairro Palermo. No Alex se concentrava quase que toda a produção cinematográfica da Argentina. Era uma espécie de *Boca* mais refinada. Lá, diversas produtoras mantinham salas de edição e os técnicos faziam ponto à espera de trabalho. Numa das vezes em que fui ao Alex encontrei o Felix Monti, diretor de fotografia que havia conhecido na G.Smith, no meu primeiro trabalho com Person. Monti havia fotografado diversos filmes importantes, inclusive na Europa, e estava com muito prestígio, porém demonstrou a mesma simplicidade, foi muito simpático e, sinceramente, mostrou-se contente com minha evolução. Em outra vez, que fui acompanhado pelo Dorian Taterka, pois íamos montar o filme lá, havia uma greve geral na Argentina. O laboratório estava fechado e tivemos que ficar alguns dias em Buenos Aires. Num destes dias houve uma marcha pela volta do Perón e nós resolvemos ir. À noite procuramos um lugar para jantar, mas por causa da greve e da marcha, estava tudo fechado. Por fim encontramos um bar, e desavisados, entramos. O bar estava todo ocupado por *Montoneros* que, por sermos estranhos, nos olharam com desconfiança e começaram a nos questionar sobre várias coisas. Depois das explicações de que éramos brasileiros e que estávamos a trabalho e fomos surpreendidos pela greve, ficou tudo bem e passamos a noite na companhia deles.

Quando a Pepsi fez a grande tentativa de disputar o mercado brasileiro com a Coca-Cola, os filmes da campanha foram feitos pela Filmcenter. A Mauro Salles Publicidade criou o tema *Nós escolhemos Pepsi, e ninguém vai nos mudar* e o grupo Sá, Rodrix e Guarabira fez a música. Foi um tremendo sucesso. Montei os filmes e o diretor João Callegaro, que era o chefe do departamento de RTVC da agência, me convidou para trabalhar lá. Eu achei que estando numa agência de propaganda eu começaria a dirigir e aceitei. A Mauro Salles tinha uma política de que o pessoal de RTVC apenas supervisionava os filmes da agência. Passei a sentir falta de atividade, do *fazer cinema*, de pôr *a mão na massa*. Depois de oito meses de tédio, e me sentindo um estranho no ninho, me demiti.

O fato positivo de ter ido para uma agência foi que passei a ter horário e disponibilidade para voltar a estudar. Entrei na Escola de Sociologia e Política, porém ao retornar para a realização, voltar a fazer cinema, não consegui mais tempo e tranquei a matrícula no segundo ano. Infelizmente para sempre. Outro fato foi que a Mauro Salles trabalhava bastante com a Lynxfilm, e eu estabeleci bom contato com eles, principalmente com Sadi Scalante.

Assim que saí da Mauro Salles, Olivier Perroy me chamou para fazer a produção do seu filme *Efigênia Dá Tudo que Tem*, comédia com Etty Fraser, Ricardo Petraglia e Nádia Lippi. Perroy fez uma adaptação do livro *Olho Mecânico*, de A. C. Carvalho, e foi o filme mais divertido que participei. As cenas eram muito engraçadas e ríamos muito ao realizá-las.

Siílvio Renoldi, um dos maiores montadores brasileiros, era coprodutor do filme e fez a montagem. A sincronização dos diálogos estava atrasada, ele pediu minha ajuda, e passamos a nos revezar. Certo dia Sílvio chegou mais cedo e viu como eu executava a sincronização. Fez a maior gozação e me ensinou o jeito correto, que era muito mais rápido. Eu me tornei montador de observar o Glauco e porque edição é uma abstração que se faz mentalmente. Saber operar o equipamento é outra coisa. Eu era um montador respeitado, mas conhecia poucos macetes porque não tinha sido assistente de montagem. Macetes são transmitidos e a vantagem de ser assistente é que se aprende com a experiência dos outros. Isto corta caminho.

Capítulo VIII

Após *O Predileto*, Maior Dedicação ao Longa

A LynxFilm ia produzir o filme *O Predileto*, do Roberto Palmari, e o Sadi Scalante me convidou para fazer a direção de produção. Aceitei. Além de ser uma experiência maravilhosa, foi um passo determinante para que eu realizasse os meus filmes. Palmari dirigia atores muito bem e o elenco do filme é fantástico: Jofre Soares, Othon Bastos, Célia Helena, Wanda Kosmo, Suzana Gonçalves, Fernando Peixoto, Xandó Batista, Abrahão Farc. Foi um grande aprendizado ver como esse pessoal construía cada um o seu personagem e como o Palmari os conduzia. Boa parte das filmagens aconteceu em Rio Claro, e o elenco coadjuvante era todo de lá, pessoas sem experiência, que o Palmari ajudava a compor seus papéis. Por exemplo: para compor as prostitutas do bordel foram escolhidas pessoas com aparência bem comum, sem estereótipos. Assim que a locação, um velho hotel desativado, foi decorada, essas mulheres mudaram-se para lá e passaram a fazer *laboratório* como se fosse a casa delas. Uma das mulheres era costureira, levou sua máquina de costura e transferiu seu ateliê para lá. A fazenda do Teotônio, personagem vivido por Jofre, ficava num vilarejo próximo a Rio Claro chamado Ajapi. A casa era enorme, e fora erguida há mais de 200 anos e com o estilo mais parecido com as construções sicilianas do que com o colonial dos barões do café. Para a realização da cena do velório de Teotônio, o dono da fazenda foi comigo em todos os sítios da região convidar a vizinhança para um churrasco e para participar como figurantes. A condição era que se vestissem como se fossem a um velório de verdade. Incrível como ficou autêntico! Dificilmente um diretor de arte faria melhor. Coisas assim deram verdade ao filme e vivenciar estas experiências foi

fundamental na minha formação como diretor. Outro fator importante e decisivo para os filmes que vim a realizar depois foi que eu percebi que havia muita facilidade em filmar numa cidade do interior. A prefeitura prestava todo tipo de ajuda e a população colaborava com a maior boa vontade. Depois das filmagens concluídas eu me ofereci para montar o filme e o Palmari topou. *O Predileto* foi o primeiro longa que montei e tenho plena convicção que contribuí para a qualidade do filme. Em 1976, ele ganhou diversos prêmios no Festival de Gramado, entre eles o de Melhor Filme, e me abriu muitas portas no meio cinematográfico.

Seis anos depois de *Pantanal de Sangue*, e após produzir e montar *O Predileto,* comecei a reduzir bastante meu ritmo como montador de filmes publicitários. Parar, nunca parei de fazer publicidade, mas passei a me dedicar muito mais ao longa-metragem.

Intervalo de filmagem de O Menino da Porteira *(1976). Entre 3 adultos e 3 crianças curiosas, sem identificação, destacam-se Florisval Lui (camisa xadrez), Sérigio Reis, Moracy do Val, Jeremias Moreira, Luis Gonzaga dos Santos (abaixado), Quinzinho, Virgilio Roveda, a menina Lilian Lui, Luizinho (autor da música* O Menino da Porteira, *de camisa preta), Santoni Santiago e um figurante.*

Capítulo IX

Afinal, *O Menino da Porteira*

Depois destas primeiras experiências com longas-metragens e de perceber que havia facilidade para a realização de filmes numa cidade do interior, obviamente me deu vontade de fazer meu próprio longa. E eu queria que fosse um filme popular, que o público gostasse de assistir, enfim, que fizesse sucesso de bilheteria. Para isso, andava à procura de temas que pudessem causar nas plateias o mesmo impacto que os filmes do Mazzaropi. Certo dia na Lynx, conversando sobre essa facilidade em filmar no interior e o foco em filmes populares, o Marcos Weinstock disse que o Lauro César Muniz havia lhe disponibilizado seu texto, *O Crime do Zé Bigorna.* Eu conhecia o texto e achava que tinha o tom popular que andava buscando e começamos a estudar a possibilidade da sua realização. Conversei com o Carlos Raeli, que era gerente comercial do Laboratório Rex Filmes, que prometeu toda facilidade. Resolvi que faria a produção executiva do filme e daria a direção para alguém mais experiente. Ocorre que o Marcos ainda não havia avisado ao Lauro que estávamos empenhados na realização do seu texto e, neste meio-tempo, ele cedeu os direitos ao Anselmo Duarte, que realizou o filme.

Voltei à estaca zero e a pesquisar outra possibilidade, até que certo dia li uma matéria no jornal *Folha de S. Paulo* que falava sobre a experiência da famosa dupla caipira Tonico e Tinoco. O jornal dizia que além de se apresentar em circos e de cantar suas músicas de sucesso, eles também representavam pequenas peças de teatro, a partir das letras de suas canções. Uma delas era *A Vingança do Chico Mineiro*, dramatização de um dos maiores sucessos musicais da dupla. Aquela matéria, no fundo, tinha a intenção de chamar a atenção do pessoal de teatro para temas populares em recintos populares.

Neste instante me acendeu uma luzinha e percebi que ali havia um caminho interessante para o cinema. Novamente procurei o Raeli, que havia gostado da minha proposta anterior e manifestado interesse em produzir alguma coisa comigo. Mas se por um lado ele estava entusiasmado com este tipo de cinema, por outro ele me jogou logo de cara um balde de água fria: alguém já tinha produzido um filme baseado na canção *A Vingança do Chico Mineiro.* Tanto que tiveram que trocar de nome porque o título já estava registrado. O filme acabou se chamando *A Marca da Ferradura,* foi estrelado pela dupla Tonico e Tinoco... e foi um grande fracasso. Recebi a ducha fria do Raeli numa sexta-feira de fevereiro de 1976. Logo na segunda-feira seguinte ele me telefonou, pedindo que eu fosse até a Rex, pois no domingo ele havia ido a um clube de campo na Cantareira, onde se encontrara com o cantor Antônio Marcos e com o produtor Moracy do Val. Neste bate-papo a três acabou vindo à tona o assunto do filme, onde Moracy propôs fazer a dramatização da música *O Menino da Porteira,* que havia sido regravada com muito sucesso por Sérgio Reis, cantor que estava reinventando sua carreira. Após o final do movimento Jovem Guarda, onde Sérgio vendeu muitos discos com *Coração de Papel,* ele estava naquele momento se dedicando ao repertório sertanejo.

Marcamos então imediatamente uma reunião no escritório de Antônio Marcos, que ficava na Rua Topázio, no bairro da Aclimação. O entusiasmo era tanto que a reunião aconteceu logo na noite seguinte, uma terça-feira, onde nasceu oficialmente a Topázio Cinematográfica, inspirada no nome da rua. Antônio Marcos ligou para Sérgio Reis, que foi de Santana para a Aclimação em 15 minutos. O convite que fizemos para ele estrelar o filme foi aceito imediatamente.

Coube a mim desenvolver o roteiro. Uma letra de música não é um roteiro. Pode servir de inspiração, mas nem chega a ser um argumento. A letra da música *O Menino da Porteira* narra uma história que mais sugere do que conta e deixa ao público imaginar o que acontece. Ela não sustenta um argumento para um filme de 90 minutos. Eu tinha a minha concepção de como construir esta história e convidei o Ciro Pellicano, redator que conheci na Salles, para trabalhar comigo no roteiro. Ciro era extremamente solicitado na agência e não dispunha de muito tempo, mas conseguimos sentar um dia e saiu um argumento. Neste tempo também comecei a viajar à procura das locações. Numa dessas viagens alcançamos uma grande boiada que ocupava um longo trecho da estrada. Estávamos com um Gordini e um boiadeiro cavalgou na nossa frente e afastava os bois, que eram mais altos que o carro. Durante esta travessia, observando os bois e o jeito dos boiadeiros de lidar com eles, percebi que eu estava totalmente equivocado com o roteiro. Resolvi mudar radicalmente e decidi ficar pelo interior procurando locações.

Meu irmão mais velho ainda morava em Jaboticabal, tinha uma grande vivência no interior e conhecia bastante o universo rural. Propus a ele trabalharmos juntos neste roteiro, até para ele ocupar um pouco a mente e pudesse superar melhor a morte da sua esposa Beatriz, que havia acontecido há pouco tempo. Durante o dia, eu viajava em busca de locações e à noite, quando eu voltava, trabalhávamos no roteiro. Aproveitei algumas boas ideias do Ciro Pellicano, e o roteiro acabou sendo feito a seis mãos – Ciro, Lau e eu, embora meu irmão e o Ciro nunca tivessem se encontrado pessoalmente.

Fui dando nome aos personagens como homenagem a pessoas que significassem algo para mim. Assim, o menino recebeu o nome Rodrigo, porque era o nome do meu filho; a Juliana, enteada do Major e protagonista, o nome da minha filha; o boiadeiro vivido por Sérgio Reis, Diogo, era o nome do então menino Diogo Poças, que era amiguinho de meu filho; o Dr. Almeida em homenagem ao médico que realizou em minha mãe o parto que nasci. Otacílio e Carolina, os pais do menino, porque Carolina era o segundo nome de minha mãe e Otacílio, um montador amigo. O Major Batista em homenagem ao Major Prata, um senhor ranzinza de Taquaritinga que todo dia ameaçava furar a bola se caísse novamente em seu quintal, mas que todo dia nos devolvia. O personagem Xico Fu foi inspirado numa pessoa real que viveu em Adamantina, mas o nome foi um trocadilho com *fuxico*.

Na busca por locações, recebi uma dica para procurar o prefeito de Novo Horizonte, que tinha uma fazenda que poderia ser muito boa para o que queríamos. No sábado, fui com Marquinhos, irmão do Antônio Marcos, até lá, mas o prefeito não quis nos receber, alegando que estava muito ocupado fazendo a sua declaração de Imposto de Renda. Ele nos atenderia só na segunda-feira. Fiquei profundamente decepcionado com isso, e resolvemos sair pelas redondezas, em busca de outras locações, mas nada dava certo. Chateado, combinei com o Marquinhos de voltarmos a São Paulo. Levantamos domingo cedo e pegamos a estrada de volta. Ao passar por Borborema, vimos uma faixa que anunciava uma Festa do Peão Boiadeiro que aconteceria naquele mesmo fim de semana, lá mesmo em Borborema. Decidimos então visitar a tal festa. Entramos na cidade, e como muitas ruas estavam interrompidas por causa dos festejos, estacionamos o carro e fomos ver o desfile que estava acontecendo. Foi justamente quando passou um carro de boi com uma dupla sertaneja em cima cantando nada mais nada menos que *O Menino da Porteira*. Foi incrível! Me convenci naquele momento que as filmagens teriam de ser lá.

Acabado o desfile, fomos abastecer o carro, e perguntamos ao frentista quem era o responsável pela organização de todo aquele evento. Ele disse: *É o Zizinho Torres, e, por sinal, tá vindo ali, olha!* Era coincidência demais! A gente procurando o organizador, e o organizador vindo a cavalo, na nossa direção. Conversamos com o Zizinho, que já conhecia o Sérgio Reis, e depois de passar algumas instruções para o pessoal da festa, prontamente ele nos levou para a fazenda dele, que servia perfeitamente como locação.

Voltamos para São Paulo, continuamos a trabalhar no roteiro, mas ainda faltava achar as locações para as cenas do filme que se passavam numa cidade. Borborema, para isso, não servia, pois suas ruas eram muito cheias de aclives e declives. Sérgio Reis recomendou então que eu fosse ver Tabatinga, que serviu perfeitamente para o que eu queria, pois ela tinha os traços arquitetônicos perfeitos para o filme, além de ser plana. Filmamos então a parte rural em Borborema e a parte urbana em Tabatinga, o que acabou gerando uma ciumeira danada entre os habitantes das duas cidades. As prefeituras de ambas ajudaram muito, oferecendo hospedagem, transporte e infraestrutura.

Embora fôssemos todos profissionais, naquela época o cinema ainda tinha um jeitão bastante amador, romântico, verdadeira ação entre amigos onde cada um colaborava o máximo que podia. Tanto que esta versão de *O Menino da Porteira* foi totalmente filmada com uma equipe de apenas oito pessoas, o que é absolutamente impensável nos dias de hoje.

Filmagens de O Menino da Porteira *(1976). Ao fundo, o Rio Tietê, na altura de Novo Horizonte. Destacam-se Elizeo Fernandes (fotógrafo), Armando Pachollin (ator coadjuvante), Jeremias Moreira (na câmera), Rossi (câmera) e Pedrão (maquinista).*

Sergio Reis em cena do O Menino da Porteira*, de 1976.*

Foi tudo muito rápido. Tivemos a conversa inicial em fevereiro de 1976. Em junho já estávamos filmando (a filmagem durou 32 dias) e em julho eu já estava montando. O lançamento aconteceu em 1977. Mesmo sendo meu primeiro longa como diretor, o primeiro filme do Sérgio Reis como ator e também o primeiro do Moracy como produtor, tudo transcorreu de maneira muita tranquila, rápida, e num clima de muita cooperação. A boa convivência que tive com Jofre Soares durante as filmagens de *O Predileto* facilitou nossa negociação quando o convidei para viver o papel do Major Batista. A participação do Jofre deu consistência ao personagem e valorizou o filme.

Hoje, eu percebo que, como dramaturgia, o roteiro tinha algumas coisas muito fracas, mas elas acabaram sendo compensadas pela verdade de quem sabia do que estava falando. Eu sou caipira. Meu irmão também. O Ciro Pellicano é de São Carlos. Estávamos todos falando de um assunto que conhecíamos muito bem, e isso compensou um pouco a falta de uma dramaturgia mais consistente.

Essa verdade de quem sabe o que está falando causou uma forte identificação com o público que foi ver o filme.

Joffre Soares (Major Batista) em O Menino da Porteira, *de 1976.*

Capítulo X

O Primeiro Menino, uma Garra Incrível

Definidas as locações, o roteiro, e com Sérgio Reis no papel principal, faltava definir o ator-mirim que faria o papel-título do filme. O que quase ninguém sabia é que eu já tinha em mente, há muito tempo, quem faria este papel. Sabia disso antes mesmo de existir a ideia do filme.

Como eu trabalhava simultaneamente com cinema publicitário e longas-metragens, a escolha do ator para o *menino* acabou acontecendo graças a um comercial de televisão, num momento em que o projeto do filme sequer existia ainda. Foi montando um filme de Maionese Hellman´s com o João Daniel, da Jodaf. O comercial era com um garoto que fazia um trabalho fantástico como ator- mirim. O nome dele era Márcio Costa. Falei com a mãe de Márcio, ela topou, e tudo deu certo. Foi um tiro único e na mosca. Márcio era um garoto ótimo, de personalidade impressionante, que tinha seus objetivos e lutava muito por eles. Por exemplo, quando cogitei arrumar um dublê para as cenas de cavalgada, ele não admitiu de jeito nenhum, e em três dias aprendeu a andar a cavalo. Quando acabaram as filmagens, que na época não eram feitas com som direto, comecei

Márcio Costa no papel de Rodrigo em O Menino da Porteira, *de 1976.*

o trabalho de dublar a voz de Márcio, pois todos os atores eram dublados – por si mesmos ou por outros dubladores – naquele momento em que se utilizava apenas o som-guia para posterior dublagem. Márcio ficou sabendo que seria uma mulher que iria dublá-lo, procedimento, aliás, bastante comum na época, onde dubladoras profissionais empostavam suas vozes de modo a parecer vozes infantis. Mas Márcio não se conformou com isso. A mãe dele me ligou falando que ele estava desolado e que queria fazer um teste para dublagem. Marcamos o teste e eu selecionei para ele dublar logo de cara um dos trechos mais difíceis do filme, sabendo que se ele conseguisse fazer aquele *anel*, como chamávamos, ele conseguiria fazer todo o resto. Mas não conseguiu. Expliquei então para a mãe dele que a dublagem é um processo bem difícil, e que, às vezes, atores tarimbados também não conseguiam. Márcio saiu inconsolável.

À noite, a mãe dele me ligou novamente: o garoto queria tentar fazer outro teste. Ela tanto insistiu que eu deixei. Quando ele chegou no estúdio, a pessoa que o dublaria já estava lá. Márcio entrou na sala, não se intimidou, colocamos o *anel* de gravação, e ele conseguiu! No primeiro dia ele havia compreendido o mecanismo da dublagem, e no segundo teste foi perfeito. É o

Joffre Soares (no papel de Major Batista) e Sebastião Grandin (como João Só) em O Menino da Porteira, *de 1976.*

Jorge Karan (Otacilio), Maria José Franco (Carolina) e Marcio Costa (Rodrigo) em O Menino da Porteira, *de 1976.*

Jeremias Moreira no set de O Menino da Porteira, *de 1976.*

que eu chamo de *crescer no intervalo*. Acredito que ele deva ter pensado muito em todo o processo, para compreender logo em seguida e se sentir seguro para tentar novamente. Foi impressionante! Ele dublou direitinho, contracenando com Jofre Soares. Ele dava o tom, colocação de voz, tudo. E, a partir daí, fez a dublagem inteira. Foi tão marcante, que, quando ele fez o teste, a mulher que iria dublá-lo assistiu a tudo, olhou para mim e disse: *Você não precisa falar mais nada. Tchau!* Ela aceitou, ela percebeu que tinha que ser ele.

O Márcio tinha uma garra incrível. Ele foi muito bem no filme e foi muito fácil dirigi-lo. Tanto que em *Mágoa de Boiadeiro* criei um personagem especialmente para ele. Só que entre um filme e outro, ele fez uma novela na Rede Bandeirantes, e adquiriu vícios de televisão. Ficou mais difícil. Deu para tirar o jeito estereotipado de novela, mas foi bem mais complicado. Ele já não estava mais tão espontâneo como em *O Menino da Porteira.*

Márcio acabou seguindo carreira, foi ator de teatro e chegou até a dirigir um grupo teatral. Infelizmente, faleceu muito jovem, aos 34 anos. Uma das homenagens póstumas da versão 2009 de *O Menino da Porteira* foi dedicada a ele, que era um garoto extremamente determinado.

Sérgio Reis (Diogo) e seu cavalo Bico Branco em O Menino da Porteira, *de 1976.*

Jeremias Moreira monta Bico Branco, *o cavalo de Diogo, em* O Menino da Porteira, *de 1976.*

Capítulo XI

Na Tela, Sérgio Reis com Voz de John Wayne

Trabalhar com Sérgio Reis também foi um prazer muito grande. Ele colaborou muito, demonstrando extrema boa vontade, sempre disposto a fazer tudo o que fosse preciso, para o bem do filme. Ele não tinha, por exemplo, muita habilidade em andar a cavalo, mas treinou bastante, se esforçou muito e fez com profissionalismo as suas cenas. Enfrentei ainda algumas dificuldades de expressão corporal, pois Sérgio é muito alto, muito grande, o que, às vezes, dificulta o trabalho do ator, corporalmente falando. Mas ele superou isso com a emoção que colocava nas cenas.

Uma característica interessante de Sérgio também era a facilidade com que ele absorvia o jeito de falar dos atores com os quais contracenava. Ainda bem que não era som direto. Quando ele contracenava com Jorge Karan, que é do Rio Grande do Sul, ele pegava o jeito de falar de gaúcho. Ao contracenar com Jofre Soares, falava com sotaque nordestino. E assim por diante. Na pós-produção, Sérgio foi dublado por Marcos Miranda, que era o dublador de John Wayne. E isso ajudou muito a interpretação final.

Mas de qualquer maneira foi fácil trabalhar com Sérgio pela boa vontade, pela disposição. Não havia nenhum estrelismo por parte dele, que é uma pessoa de sensibilidade, que conseguia entender a dramaticidade de cada cena e dar a intenção e o tom adequados.

Quando se prepara um cantor para atuar, já existe logo de saída este tipo de facilidade, pois um cantor é, antes de tudo, um intérprete. Ele tem esta facilidade, já trabalha intuitivamente com interpretação. Existe a sensibilidade, mas não a técnica de interpretar. Se o diretor ajuda, tudo acaba dando certo, e foi isso que aconteceu com Sérgio. Foi muito gratificante trabalhar com ele, tanto que a parceria se estendeu para o filme seguinte, *Mágoa de Boiadeiro*.

Terminadas as filmagens, fiz questão também de montar *O Menino da Porteira*. Com a experiência obtida nas montagens de filmes publicitários e de *O Predileto*, desenvolvi um *olhar do montador*. É comum não dar muito certo quando o diretor monta o seu próprio filme, pois há uma tendência dele *se apaixonar* pelos planos que faz e não querer eliminá-los quando necessário. Felizmente não tenho este problema: quando tem que cortar, eu corto, sem dó nem piedade. Acredito que consigo perceber os momentos desnecessários para eliminá-los do filme.

Joffre Soares (Major Batista) em O Menino da Porteira, *de 1976.*

Naquela época, também, não havia muito espaço nem verba para desperdícios. No primeiro *O Menino da Porteira* filmei exatamente os planos que foram montados. Só sobrou um. Quando ia filmar, já tinha na cabeça exatamente o que eu queria. Nunca passei de três tomadas por plano, e houve planos até que filmei uma única vez. Já decupei montado. Não costumo fazer *story board,* mas, sim, uma planta baixa que mostra como será realizada cada tomada. Depois faço uma descrição do plano, coloco os planos todos na planta, e cada planta tem sua descrição.

Já na publicidade faço planos de cobertura de tudo quanto é lado, o que dá várias opções para o montador. Mas no longa-metragem, não. Como dizia John Huston, *quem tem um, não precisa de dois*.

Capítulo XII

Zé Coqueiro e Filoca Caíram do Céu

Intuitivamente achávamos que *O Menino da Porteira*, para ser popular, deveria mesclar música, drama, aventura, romance e humor. O fato de ser inspirado numa música e ser estrelado por um cantor era um indicativo de que deveria ter um lado musical bastante acentuado. O drama já está embutido no tema da música que fala da morte de um menino que abria a porteira para a boiada passar. Aventura porque entrávamos no universo mítico do boiadeiro, uma figura que na fantasia da gente do interior tem seu modo de vida repleto de ousadias e adversidades. Esta fantasia também sugere romance uma vez que o repertório caipira exalta o boiadeiro como o homem forte e destemido e ao mesmo tempo gentil e galante. Sem uma razão clara e palpável, o filme também deveria ter humor. Talvez fosse pela referência que Mazzaropi era para nós. Seu público era nosso alvo. Pensando nesse lado cômico, eu e o Lau concluímos que deveríamos criar um personagem simplório e que fosse uma espécie de Sancho Pança para o boiadeiro. Criamos então o Zeca Toco. Pensamos, também, que ele deveria ter uma alma gêmea feminina. Uma mulher, também simplória, que era muito apaixonada por ele e que não lhe dava sossego.

A este personagem chamamos de Filoca, por ser um nome delicado e com uma sonoridade jocosa. Quando apresentei a ideia para os meus sócios, o Luizinho, um dos autores da música estava presente. Eles gostaram e começamos a discutir o tipo físico que o Zeca Toco deveria ter e citar nomes de atores que poderiam interpretá-los. Alguém sugeriu que o ator para esse papel deveria ser desconhecido e encontrado no universo circense. Imediatamente o Luizinho tratou de vender seu irmão, Walter Raimundo, que era um cantor cômico que, juntamente com as irmãs Iraí e Jaci Ferreira, formava o trio *Coqueiro, Iraí e Jaci* e se apresentava em circos.

Procurei conter o ânimo do Luizinho e disse que tinha que ser uma escolha profissional e não dava para formar o elenco com membros das famílias dos interessados no filme. O Luizinho continuou afirmando com toda a segurança que seu irmão era muito bom, que podia fazer um teste e me convidou para assistir a uma apresentação do trio. A apresentação foi marcada para o sábado seguinte, no Circo do Carlito, na periferia de São Paulo. A atração daquela noite era um show de luta livre e o Carlito abriu uma brecha para o trio se apresentar para minha avaliação do Walter. Era uma espécie de teste, porém o público não sabia. Quando o Carlito anunciou que haveria uma surpresa com a apresentação do trio Iraí, Jaci e Coqueiro, a plateia, que queria ver luta livre, começou a vaiar. Fiquei com pena deles e imaginei uma catástrofe. Eles começaram a apresentação sob vaias e foram revertendo a situação e no final o público não queria deixá-los sair do picadeiro. Fiquei impressionado com o domínio que eles tinham da plateia e gostei muito do Walter. Senti que ele tinha o tipo e potencial para ficar com o papel do *Zeca Toco*. Descobri também que a Jaci Ferreira poderia fazer a Filoca. Foi o tipo de solução mágica que satisfez todo mundo. O Walter e a Jaci nunca haviam se aproximado de uma câmera e não tinham a menor noção de como se portar diante de uma. Realizei alguns ensaios e dei algumas orientações e eles se descontraíram. Depois de algum tempo e já sentindo-se mais confiante, o Walter me confidenciou que não gostava do nome do personagem e me propôs mudar para Coqueiro, que era o nome como ele se apresentava. Ele adotou este nome artístico pelo contraste de ser pequeno e o nome ser um apelido que se dá a alguém alto. Levei esta proposta ao Wenceslau, que acrescentou o Zé e percebemos que Zé Coqueiro tinha uma boa sonoridade. Assim chegamos à dupla cômica e simplória do filme, Zé Coqueiro e Filoca. Incrível como o Walter pegou o jeito de atuar para cinema! Ele repetia as falas e os gestos correspondentes em todos os ângulos de câmera, numa continuidade perfeita.

Quando o filme foi lançado, talvez o Zé Coqueiro tenha sido o que mais agradou ao público. Eu utilizei a dupla nos outros filmes que fiz.

Capítulo XIII

Na Complicada Matemática da Época, Ninguém Sabe a Bilheteria de *O Menino da Porteira*

Com *O Menino da Porteira* na lata, como se diz, chegou o momento tão ansiosamente esperado de exibi-lo. E, neste caso, tivemos a extrema felicidade de contar com a Marte Filmes, empresa de Cassiano Esteves, que além de ser uma das sócias do filme, também era distribuidora. Montamos um esquema onde Moracy do Val e Carlos Raeli, que eram sócios também, faziam a estratégia de distribuição, enquanto a Marte cuidava da logística e da parte física. Cassiano tinha ótimo relacionamento com o mercado e um excelente acesso aos exibidores porque distribuía quase todos os filmes de Tarzan e os westerns italianos, produtos de grande sucesso na época. Quando chegou *O Menino da Porteira*, metade da nossa *porteira* já estava aberta.

Vale lembrar que a distribuição cinematográfica naquela época era muito diferente da de hoje. O país era dividido em 11 *territórios* cinematográficos, e os distribuidores podiam comprar um filme para seu território, por um preço fixo, sem a necessidade de prestar contas depois. Pode-se dizer que *territórios* eram empresas que delimitavam áreas para exibição de filme. Por exemplo, o território de Botucatu começava em Sorocaba, pegava o norte do Paraná e sul do Mato Grosso. Campo Grande pertencia ao território de Botucatu. Isto quer dizer que o distribuidor de Ribeirão Preto, por exemplo, não colocava filme nestes cinemas que pertenciam a Botucatu. Obviamente estes 11 territórios cinematográficos não coincidiam com a divisão física do Brasil. São Paulo tinha cinco grandes territórios: Botucatu, São Paulo, São José do Rio Preto, Ribeirão Preto e Vale do Paraíba. Existiam alguns independentes menores como Leme, São Carlos e Mogi-Mirim. Às vezes, eram vários distribuidores concorrentes dentro do mesmo território.

Quem praticamente formou o território de Botucatu foi a Peduti, grande rede de cinemas, que se tornou distribuidora deste território. Araújo e Passos, funcionários da Peduti, acabaram abrindo depois a sua própria distribuidora. Isso sem contar que nestes territórios as chamadas *majors* mantinham seus escritórios, como a MGM, a Columbia. Existiam as praças fechadas da Peduti e as da Araújo e Passos, sendo que às vezes a praça tinha cinema de ambos. Era complicado.

Vendemos *O Menino da Porteira* para a distribuidora Araújo e Passos, que ficou com 100%

dos direitos do filme em suas praças e nas que dividia com a distribuidora Peduti. As cidades onde só o Peduti tinha cinemas (praças fechadas do Peduti) eram nossas. Quando vendemos o filme para um território, isto é feito por um valor e prazo fixados no contrato, sem que se prestem contas posteriormente. Nós, por exemplo, só não distribuímos *O Menino da Porteira* no território de Botucatu, que foi comprado por Araújo e Passos.

Os lançamentos também não eram nacionais e simultâneos como hoje. *O Menino...* foi lançado primeiro no norte do Paraná, onde fez tremendo sucesso. A notícia correu pelo Brasil, e passamos a ser procurados por exibidores. Moracy e Raeli acompanhavam tudo muito de perto, sabiam dia após dia onde o filme estava passando. Praticamente toda a divulgação do filme foi feita pelo rádio, com muitos anúncios, e nenhum comercial de TV. E o boca a boca também funcionou bem.

Bom, tudo isso para dizer que é impossível saber o número exato de espectadores que o filme atraiu, porque o exibidor não tinha interesse em mostrar o potencial dele. Ele é dono do filme em seu território, por isso sonega a informação.

Assim, existe uma cifra oficial de espectadores para *O Menino da Porteira,* com 3,7 milhões de ingressos vendidos informados pela Embrafilme.

Existe uma outra extraoficial dentro deste território de Botucatu, que não temos como saber, porém estimamos em outros 3,5 milhões.

Naquela época o Brasil tinha em torno de 4,5 mil salas de cinema, mais que o dobro que temos hoje. O filme não foi bem lançado no Norte e Nordeste, que eram regiões exploradas pelo Luís Severiano Ribeiro, que, na época, não se interessou muito pelo tema. Os 3,7 milhões contabilizados pela Embrafilme, mais os extraoficiais, foram conseguidos só do Sudeste para baixo.

Capítulo XIV

Ivo Nicolleti, o Segredo do Sucesso do Primeiro *O Menino da Porteira*

Acredito que não exista nenhum realizador que não acredite que seu filme vá fazer sucesso. Acho que mesmo aquele cineasta que sabe que fez um filme apenas mediano, no fundo, no fundo tem uma esperança de fazer sucesso. Eu tinha. Sempre tive expectativa. Acredito que o sucesso e o fracasso estão divididos por um fio de navalha por onde o cineasta caminha. Se cair para um lado, é sucesso; se cair para o outro, fracasso.

No dia em que saiu a primeira cópia de *O Menino da Porteira*, não sei por qual razão, estava no laboratório um comprador de filmes da Empresa Araújo e Passos, de Botucatu. Ele se chamava Ivo Nicolleti e era conhecido por todo meio cinematográfico do Brasil como um profissional com faro apurado para bons filmes. Naquela época, não se podia fazer leilão. Se você levasse o filme para a Serrador, você não poderia levá-lo também para as concorrentes Sul ou Hawaii. E vice-versa. Isto porque eles se falavam. Era preciso esperar para conversar com um, e depois oferecer o filme para o outro, e assim sucessivamente, o que, obviamente, depreciava o filme. Na realidade, eles eram concorrentes, mas funcionavam mesmo tal qual cartel.

Enfim, saiu do laboratório a primeira cópia de *O Menino da Porteira,* entramos na sala de projeção para assistir ao filme, e Ivo Nicolleti acaba assistindo conosco, assim meio que de improviso, sem convite mesmo. Quando acabou a exibição, ele nos convidou para jantar. Mas nós sabíamos que no outro dia de manhã um representante do Circuito Serrador assistiria ao nosso filme, pois o Vitta, diretor do laboratório, abriu este caminho. Então jantamos com Ivo, um superbom negociante que proporcionou um jantar dos mais agradáveis. Ele entrava e saía do assunto do filme, como que desconversando, e acabou confessando que o filme mais caro que a Araújo e Passos já havia comprado foi *Acidente nos Andes*, pelo qual pagaram 120 mil cruzeiros (era 1977). E o filme brasileiro mais caro tinha custado 35 mil cruzeiros para o território deles. Encurtando a história, naquela noite Ivo chegou a oferecer 250 mil cruzeiros. Recusamos. Não vendemos porque sabíamos que na manhã seguinte o programador da Serrador iria assistir, e nós o queríamos porque ele tinha o cine Art Palácio. Era um sonho lançar *O Menino da Porteira* no Art Palácio, que era a sala onde Mazzaropi fazia tanto sucesso.

Ivo ficou inconformado e marcou um almoço para o dia seguinte. De manhã, recebemos a péssima notícia que o programador da Serrador havia assistido ao primeiro rolo e não tinha gostado do filme. Para nós, foi uma ducha de água fria. Vitta, do laboratório, nos pediu calma e nos orientou para fechar com Ivo em 350 mil cruzeiros, mais a praça fechada de Pedutti. Logo no começo do almoço Ivo chegou nos 350 mil e concordou com nossa proposta. Assim, na cidade em que tinha cinema dele e do Pedutti o filme era dele. Nas cidades onde só tinha Pedutti, o filme era nosso. Nossas dívidas já somavam algo em torno de 300 mil cruzeiros, e os custos do filme atingiam 600 mil. E quando eu falo em 600 mil estou falando apenas de dinheiro, porque a Marte Filmes deu os negativos, equipamentos e nós também ganhamos muita coisa das cidades onde filmamos, de forma que é bem complicado fazer a conta de quanto exatamente custou o filme.

Esta negociação de 350 mil nos deixou sem dívidas. No dia seguinte deste encontro, o meio cinematográfico inteiro sabia que o Ivo Nicolleti tinha pago 350 mil cruzeiros num filme, o que era um verdadeiro absurdo na época. Criou-se então imensa expectativa em se saber, afinal, o que *O Menino da Porteira* tinha de tão especial para Ivo ter desembolsado tanto dinheiro.

Diante do burburinho, o pessoal da Serrador pediu para ver o filme de novo para tentar entender o que eles não haviam percebido. Nesta ocasião, assistiram até o fim, gostaram do filme, e agendaram o Art Palácio para a gente. É irônico: se não tivéssemos vendido para a Araújo e Passos, estaríamos enforcados com a dívida e provavelmente *O Menino da Porteira* estaria na prateleira até hoje.

Isso me faz refletir sobre os conceitos de *sorte* e *falta de sorte*. Bendito Ivo Nicolleti! Acho que foi ele a principal causa do nosso sucesso. Ele pegou o filme e o lançou imediatamente no norte do Paraná. Fez um lançamento monstruoso, onde se formaram filas e mais filas. Quando o filme chegou em São Paulo, já tinha esta repercussão do sucesso, e isso se espalhou pelo Brasil inteiro. Por conta disso o filme começou a ser procurado. Era impressionante a mobilização das pessoas para vê-lo! Por exemplo: Mogi-Mirim tinha dois cinemas, sendo um da rede de Leme e outro independente. O dono do cinema independente descobriu que o diretor do filme era filho de um morador da cidade, foi atrás do meu pai, pedindo para que ele intercedesse junto a mim, para que o filme pudesse ser exibido lá. Mas acabamos fechando negócio com esta rede de Leme, e o proprietário do cinema independente brigou com meu pai. Só para dar uma ordem de grandeza, na época, Mogi-Mirim tinha 30 mil pessoas, e na primeira semana o filme vendeu 8 mil ingressos!

Capítulo XV

Público Excelente. Crítica Inexistente

Foi somente depois de realizar *O Menino da Porteira* que eu me tornei diretor também de publicidade. Pouco depois de fazer o filme, o cineasta Roberto Santos me contou uma história que eu achei que não era verdade, que ele havia inventado aquela historinha apenas para levantar a minha bola. Ele me contou que certo dia ele estava no Bar Leco, que ficava na Praça D. José Gaspar atrás da Bibilioteca Municipal, onde chagaram Rudá de Andrade e Nelson Pereira de Santos dizendo que tinham assistido ao *O Menino da Porteira,* que eles tinham gostado muito e que era um filme que deveria ser visto e refletido como exemplo de cinema popular. Bom, eu não acreditei muito naquilo, não. Anos depois, em Boiçucanga, o artista plástico Nonato do Açu me recontou exatamente a mesma história. Aí eu vi que era verdade e evidentemente fiquei muito feliz, muito envaidecido até. Imagine só, o grande Nelson Pereira, o grande Rudá de Andrade elogiando meu filme!

Mas é verdade também que nunca ninguém da imprensa deu qualquer nota sobre *O Menino da Porteira,* naquela época. Ninguém, nunca, nada, jamais. Quando o Nelson lançou, anos mais tarde, *Estrada da Vida*, com Milionário e José Rico, o filme foi bastante elogiado pela imprensa, e houve algumas comparações igualmente elogiosas com *O Menino da Porteira*. Eu fiquei me perguntando por que ninguém fez isso na época. Teria sido ótimo para mim, porque eu acho que a crítica é um termômetro para o artista, para o realizador que faz uma obra e espera algum tipo de um *feedback*. Não se trata de falar bem ou falar mal do filme, não é isso, mas sempre se espera algum tipo de retorno, algum tipo de opinião. É importante a gente ler a opinião de um jornalista que diz sobre o que não gostou, porque isso ajuda a rever as próprias falhas, a pensar sobre elas, a melhorar num próximo trabalho. Sempre encarei a crítica como referencial.

Capítulo XVI

O Inconsciente Coletivo da Cena Final

É interessante ressaltar que *O Menino da Porteira* foi feito em 1976. E que a cena final do estouro da boiada, onde o boiadeiro e o pai do menino usam os próprios bois como aríete para entrar na fazenda do Major, foi inspirada numa história que um amigo me contou. Não posso negar que tem muita influência do *western* americano na elaboração do filme, até porque existia naquela época uma realidade brasileira ela própria também muito influenciada pelos filmes americanos. Havia de fato boiadeiros que se vestiam como caubóis de cinema, porque eles iam ao cinema, viam os filmes, e copiavam a moda. Minha cabeça era muito influenciada por tudo isso, e eu realmente adorava *westerns*. Assistia a todos! Porém, eu fiquei muito tempo tentando decidir como seria a cena final de *O Menino da Porteira*. Eu não queria fazer aquele tradicional duelo onde o mocinho saca mais rápido que o bandido, mas também não me ocorria nenhuma ideia diferente. Até o dia em que este amigo, que tinha uma Rural Willys, se envolveu num acidente de trânsito onde bateram no carro dele e o sujeito fugiu. Meu amigo foi atrás e percebeu que o fujão tinha entrado numa garagem e fechado a porta. Meu amigo então não teve dúvidas: arrebentou a porta da garagem com a Rural. Quando ele me contou isso, saltou a ideia na cabeça. É isso: o brasileiro é emotivo, explosivo. Naquela época era comum ler em manchetes de jornal que no Rio a população incendiava trens da Central por conta de atrasos. É isso. O brasileiro incendeia o trem porque está afetando direto a vida dele, que vai chegar atrasado ao trabalho, vai ser descontado. Ele não tem consciência que está num regime militar, nem de sua capacidade de mobilização. Isto não existe no povo brasileiro. Mas pisou no calo, o sujeito reage. O Major em *O Menino da Porteira* representava o poder político que nós vivíamos naquela época, os pequenos sitiantes nunca enfrentavam tal poder. Ao ocasionar a morte do menino, o Major mexeu com o emocional de todos, não exatamente pelo mal que ele significava, mas pelo imediatismo da situação. Matou o menino, tem a revanche. Ocorreu-me então esta ideia de usar a boiada da mesma forma que o meu amigo usou a Rural Willys. E assim foi concebida a cena do confronto entre o *bem* e o *mal.*

Pois bem, dez anos depois, em 1986, fui assistir ao *western* americano *Silverado*, de Lawrence Kasdan. Num determinado momento do filme, à noite, o grande latifundiário espera o ataque. Comecei a ver naquela cena noturna certa semelhança com o Major vivido pelo Jofre Soares, também esperando o ataque. Falei para a Deborah, minha mulher: *Só falta invadir com a boiada*. No filme, assim que amanhece, surge a boiada exatamente igual ao *Menino*. Claro que não tenho a pretensão de achar que Lawrence Kasdan tenha assistido ao *O Menino da Porteira* e tenha copiado. Nada disso! Estes pensamentos são do inconsciente coletivo. Mas imaginem só se esta coincidência fosse invertida, ou seja, de eu ter feito a mesma cena dez anos depois do americano?

Aliás, fiquei até com medo de me copiar na versão 2009 de *O Menino da Porteira* e alguém dizer que eu estava plagiando *Silverado*. Mas na verdade eu estou plagiando a mim mesmo no meu primeiro filme. Mas se fosse ao contrário será que iriam me poupar com a história de inconsciente coletivo?

Cenas de Mágoa de Boaideiro

Capítulo XVII

Mágoa de Boiadeiro: Tentativa de Reprisar o Sucesso

De qualquer maneira, percebemos que tínhamos nas mãos um filão vencedor. Retomamos imediatamente a ideia de fazer um novo filme, com o mesmo ator, e baseado numa música caipira. Sugeri *Poeira*, de Serafim Colombo Gomes e Luís Bonan, e o Sérgio Reis deu a ideia de *Mágoa de Boiadeiro*, de *Índio Vago e Nonô Basílio. A letra fala de* um boiadeiro que perde a profissão porque o seu trabalho é substituído pelo transporte de caminhão. A atividade do boiadeiro é muito específica, assim como a do motorista de caminhão, porque ele sai de casa e enfrenta uma estrada por 50, 60 dias, se transformando num nômade. Quando sua atividade deixa de existir e não há mais trabalho, o boiadeiro é obrigado a se fixar em alguma fazenda para fazer o manejo do gado. Mas nem sempre quem foi nômade consegue se adaptar ao emprego fixo. Conheço histórias de maquinistas, por exemplo, que se aposentam e não se conformam, porque são apaixonados pela locomotiva em que trabalhavam.

O autor da letra de *Mágoa de Boiadeiro*, Índio Vago, foi ele próprio boiadeiro, e inclusive faz uma ponta no filme. Ele não consegue se fixar, e no momento em que fizemos o filme ele era motorista da Secretaria de Saúde de Guarulhos. De certa forma, era um sujeito desajustado porque a vida dele sofreu uma grande transformação e ele teve dificuldade em se adaptar. O poema é lindo, a gente se inspirou na música e tentou reproduzir uma história que tivesse a ver com tudo aquilo. A equipe de *Mágoa de Boiadeiro* foi a mesma de *O Menino da Porteira*. Fiz a direção e a produção executiva de campo, já que eu havia vindo da produção executiva do *O Predileto*. Desliguei-me da Topázio como sócio e preferi atuar apenas como contratado. Não queria me envolver em problema, coisa, aliás, que não faltou em *Mágoa de Boiadeiro*. Desta vez, as coisas não ocorreram tão bem como no filme anterior. Aconteceram falhas na preparação das filmagens, adiamentos, desencontros e brigas com a equipe, enfim, uma série de problemas. Tivemos também muita chuva, o que causou vários atrasos. Filmamos em Iacanga e em Novo Horizonte, no interior de São Paulo.

Apesar dos problemas, o filme também foi um sucesso de público, permanecendo em cartaz durante oito semanas no Art Palácio e no Paissandu. Porém, pessoalmente tenho muito mais entusiasmo por *O Menino da Porteira*. Pegar uma música e adaptá-la para cinema é muito complicado, porque ao dissecar uma letra poética para transformá-la em roteiro, acaba-se criando uma outra história que na verdade não existe na música. Ao ouvir a música, cada um fantasia a própria história. Por exemplo, a gente fantasia a história de um menino que abria a porteira e depois é morto por um boi. Mas se você pegar a letra, ela não fala quase nada. Ela fala do boiadeiro que passava lá, o menino que abria a porteira, em uma das vezes o menino não está, ele vê uma mãe chorando, pergunta, e ela responde que foi o boi sem coração. Isto não é história. É preciso construir uma história embutindo os fatos que a música narrou. Existe uma liberdade para construir essa história, mas ao mesmo tempo a música também é um fator limitador.

Mágoa de Boiadeiro foi mais ou menos isso. De certa forma, ao criar a empatia com o personagem do boiadeiro, em detrimento do caminhoneiro, o roteiro estaria pregando um retrocesso, já que o caminhão é o progresso, é o caminho para a frente, uma tendência natural. Do ponto de vista do filme, quem está a favor do boiadeiro está contra o caminhão, o que poderia passar uma impressão negativa. Procurei então enfocar mais o sentimento dos personagens, o saudosismo, a perda que cada personagem tem. Arremato o filme mostrando o que aconteceu com cada um deles: um vai para o rodeio, outro vira motorista de caminhão, outro vai trabalhar num posto de gasolina. E encerro com um videoclipe mostrando o destino de cada um dos boiadeiros.

Tecnicamente, *Mágoa* é melhor que *Menino*. É mais bem realizado, tem uma estrutura dramática e um roteiro mais bem desenvolvido. Foi um filme que obteve boas críticas, mas talvez não tenha alcançado a mesma emoção de *O Menino da Porteira*, ainda que, tecnicamente, seja mais aprimorado. Mas não deixa de ser um filme interessante.

Capítulo XVIII

Preconceitos contra o Caipira

É interessante perceber que, naquela época, eu não tinha muito a percepção de ter feito sucesso no longa-metragem. Apesar de ter dirigido dois longas que haviam levado milhões de pessoas aos cinemas, eu era exatamente a mesma pessoa que batia ponto na produtora de filmes publicitários LynxFilm. Eram universos diferentes, com a região da Boca do Lixo centralizando o pessoal de longa, e o bairro da Bela Vista, o Bexiga, centralizando o pessoal da publicidade. Era comum passar pela Lynx, *assinar o ponto*, e se preparar para o próximo trabalho que pintava.

Logo depois de fazer *O Menino da Porteira*, fui contratado pela Lynx onde passei a dirigir. Saí para fazer *Mágoa de Boiadeiro* e quando voltei eu continuava trabalhando como diretor ou montador. Precisava viver, nunca abandonei a publicidade. Nunca me dei conta exatamente do sucesso que eu estava fazendo como diretor de longas, e hoje lamento muito isso. Devia ter percebido. Acredito que amadureci muito tarde, se é que amadureci. Guardo até hoje este meu lado menino, talvez por minha infância ter sido muito rica. Em Taquaritinga, eu era moleque solto, que brincava na rua, e tinha uma liberdade muito grande de sair de manhã e voltar à tarde, quando não tinha escola. Saía para o campo, meus pais não sabiam e não tinham a menor preocupação em saber o que estava havendo comigo. Às vezes quando penso nisso acho curioso. Foi uma infância maravilhosa! No mundo dos adultos, eu não me encaixava bem. Fazer negócios, por exemplo, nunca foi comigo. Sempre procurei parceiros que cuidassem disso. Quando me aproximei de Moracy e Raeli, eles que cuidavam desta parte e eu cuidava do roteiro, da trama que tanto me fascinava. Talvez por ter a cabeça meio de criança, não me dei conta que eu tinha dois sucessos, e que, de certa forma, meus amigos de cinema me olhavam com certo ar pejorativo por ter feito dois filmes caipiras. Tenho que confessar que, lamentavelmente, eu me deixei contaminar pelo preconceito que houve em relação ao primeiro *O Menino da Porteira* e também ao *Mágoa de Boiadeiro*. O sucesso, principalmente de *O Menino da Porteira* junto ao público, foi total, mas o filme foi completamente ignorado pela crítica. Eu encontrava meus amigos de cinema e eles comentavam: *Pô, Jerê, você está fazendo filme brega?* Eles não levavam o filme a sério. Na verdade, *O Menino da Porteira* teve uma estrutura que, de certa forma, se opunha ao regime militar, porque tinha um subtexto político. O que se fazia de filme político na época era um ciclo vicioso, pois se falava sempre para um mesmo público que já tinha consciência, e que ia ao cinema curtir sempre este tipo de filme. Surgia outro cineasta e fazia novamente aquele mesmo filme para o mesmo público.

Como eu acreditava que tinha que falar para outro público, propus um cinema popular, exatamente para falar com uma outra camada da população, para o homem comum. Na época, o General Geisel ocupava a Presidência. O personagem Major é uma referência ao conjunto de generais que se sucedeu à frente do regime militar. Sempre vi com ceticismo a mobilização do povo numa luta pela restituição da democracia. Ao colocar o Major, que significava o poder, sendo derrotado por uma reação emocional e não consciente, pretendia que este *outro* público refletisse sobre isso e também expressei o que sentia do contexto político da época.

Fizemos assim o primeiro *O Menino da Porteira* e eu reconhecia a fragilidade técnica que o filme tinha, os problemas de realização. Eu lamentava minha falta de experiência e a pouca estrutura que tive para fazer o filme. Mas ele tinha uma história, uma verdade. Se fosse o Geraldo Del Rey ou o Jardel Filho, que eram atores de filme do Glauber Rocha, fazendo o papel de boiadeiro, talvez as pessoas olhassem para o filme de outro jeito, mas o Sérgio Reis não era ator e era visto pelo meio cinematográfico como cantor de um gênero de música menor. Mas, por outro lado, se não fosse ele, certamente o filme não teria o público que teve. Eu me deixei levar por este preconceito, até perceber que eu mesmo passei a ter o preconceito. Quando eu falava que tinha feito *O Menino da Porteira*, eu já falava de uma maneira meio que pedindo desculpas.

No meio publicitário o preconceito era muito grande. Quando viam no meu currículo *O Menino da Porteira* e *Mágoa de Boiadeiro*, as pessoas já mudavam o olhar para mim. Cheguei a perder muitos trabalhos quando o diretor de criação da agência ficava sabendo que eu havia dirigido esses filmes. Isto me afetava, e tentei me afastar desse estigma e a virar as costas para minha origem caipira, embora eu gostasse dos dois filmes.

Capítulo XIX

Arroz e Feijão com Roberto Santos

Vale aqui lembrar uma história interessante que aconteceu algum tempo depois de *O Menino da Porteira,* quando a revista *Playboy* realizou um concurso de contos eróticos e publicou uma edição com os 20 premiados. A Lynxfilm e a *Playboy* acertaram a realização de um filme composto por quatro histórias extraídas desta edição. Roberto Santos, Roberto Palmari, Joaquim Pedro de Andrade e Eduardo Escorel foram os diretores convidados. Cada qual escolheu a história que queria dirigir. Roberto Santos escolheu o conto *Arroz e Feijão*, e me convidou para fazer sua assistência, porém a Lynx queria que eu fizesse a produção. Assim como fiz em *Pantanal de Sangue*, acabei acumulando as duas funções. Já havia montado alguns documentários para o Roberto Santos, mas fazer parte dessa equipe foi uma bênção. Ele tinha um jeito especial de tirar emoção dos atores. Aproximava-se e falava bem baixinho e num tom intimista relatava qual era a intenção do personagem para aquela cena. Era incrível o efeito que isso produzia no ator, praticamente o colocava num estado de concentração. Também tinha o outro lado, como bom descendente de espanhol, Roberto era explosivo, porém com um coração do tamanho do mundo.

Um dos personagens era um adolescente e não estávamos encontrando um ator com as características que o papel exigia.

Lembrei-me então que na preparação de *O Menino da Porteira* eu havia ido até o Circo do Carlito ver a já citada apresentação do Walter Raimundo, que viria a fazer o papel do Zé Coqueiro. Naquele circo, um palhaço havia me chamado a atenção por sua espontaneidade, criatividade e por ser muito jovem. O garoto tinha completo domínio do picadeiro e fazia a plateia dar sonoras gargalhadas. Percebia-se que além do *script* ele improvisava muito. Quem fazia o palhaço era o Cássio, filho do Carlito, dono do circo. Por coincidência, o Roberto Santos havia feito um documentário para a TV Cultura de São Paulo sobre o mundo circense, gravado neste mesmo circo, e conhecido o Cássio, que dizia no filme que queria ser o melhor palhaço do Brasil. Nós dois lembramos do Cássio e fomos procurá-lo. Ele ficou muito indeciso e por fim aceitou. Nos primeiros dias de filmagem, Cássio estava totalmente tenso e inibido. Achamos curioso uma pessoa que no circo tinha total controle sobre o público ficar inibida diante da câmera. O Roberto falou sobre isso com ele e o Cássio respondeu: *Quem está lá no picadeiro do circo não sou eu, é o palhaço.*

Capítulo XX

Depois de *Ato de Violência,* Xuxa e o *Fuscão Preto*

Retornando à questão dos filmes caipiras, talvez até para tentar superar o preconceito, naquela época eu quis fazer uma adaptação do livro *Dona Anja*, de Josué Guimarães, e propus a produção para a LynxFilm. Eles toparam, mas como eles estavam envolvidos na produção de *Ato de Violência*, de Eduardo Escorel, César Mêmolo me pediu para fazer antes a produção executiva do *Ato*, já que eu havia produzido *O Predileto* e o episódio *Arroz e Feijão* para eles. Aceitei porque um filme seria emendado no outro, e ainda havia o lado bom de conhecer um pessoal carioca.

Infelizmente a experiência foi um desastre porque as equipes do Rio e de São Paulo não se bicavam, e eu estava num mau momento de vida, pois minha mulher havia sofrido um aborto espontâneo, o que mexeu muito comigo. E a expectativa de me tornar amigo dos irmãos Escorel também não aconteceu. Nos filmes que havia realizado com a Lynx sempre tive o Sadi como produtor executivo, que me dava total cobertura. Neste, o Sadi estava fora e me senti órfão. Eu tinha consciência que não estava sendo útil como poderia ser e diversas vezes pedi demissão, porém em nenhuma o Cesar Mêmolo aceitou. Na realidade foi um dos piores momentos da minha vida, e isso fez com que a ideia de fazer o *Dona Anja* fosse por água abaixo. Depois de *Ato de Violência* perdi até a vontade de fazer filmes com a Lynx, e acho que nem eles comigo. Desgastou a relação.

Voltei para publicidade como *free lance* e trabalhei muito com a Enzo Barone Filmes e com o próprio Enzo, que já conhecia. Foi exatamente nesta época que me chamou a atenção a música *Fuscão Preto*, que estava fazendo um sucesso muito grande. Pensei: com o *know-how* adquirido em *O Menino da Porteira* e *Mágoa de Boiadeiro*, poderia transformar a música em mais um sucesso do cinema. Foi até fácil me aproximar dos autores da música e conseguir os direitos autorais. Como eu queria apenas dirigir, propus a Enzo Barone produzir o filme e ele topou. Enzo entregou a produção executiva para Renato Grecchi, que era condescendente com as inúmeras falhas da equipe de produção. Esta acabou sendo também uma produção muito problemática porque faltou uma pessoa forte na produção executiva. Houve muitos atrasos e, quando o filme foi lançado, a música já tinha deixado de ser sucesso. Como não era um clássico, teve seu breve momento e passou.

Fuscão Preto foi o segundo filme da Xuxa. Ela era menina, com apenas 18 anos, e estava no início da fama. Já saía em capas de revistas, e cobrava cachês altos para desfilar ou para participar de festas de formatura. Enfim, tinha uma série de compromissos agenciados pela mãe dela.

Xuxa foi para as filmagens de *Fuscão Preto,* em Mogi-Guaçu, praticamente sozinha. No dia em que ela chegou, houve um desencontro. O prefeito a convidou para jantar, e como desculpa para recusar ela avisou a produção que estava cansada e foi para o hotel. Eu havia pedido para ela me esperar para a gente conversar, porque ela ia filmar no dia seguinte. Quando me contaram que ela foi para o hotel, eu não havia entendido direito o motivo. Peguei então minha assistente de direção, Mirella Zunino, e fomos até o hotel onde Xuxa estava hospedada, sem entender muito bem porque estava acontecendo este desencontro de horários entre nós. Ela nos recebeu de uma maneira superamável! Mirella foi conversar com ela na tentativa de sincronizar as agendas e Xuxa lhe pediu que acertasse tudo com a mãe dela, e aí começou uma discussão por telefone entre a Mirella e a mãe da Xuxa. Olhei para a Xuxa e vi uma menina acuada. Nisso fiquei pensando: *Uma menina de 18 anos, num quarto de hotel numa cidade do interior, sozinha, com alguém brigando com a mãe dela... Que situação ruim!* Perguntei então a Xuxa por que ela havia aceitado fazer o filme, e ela me respondeu toda entusiasmada que se identificava com a personagem. *Acho que ela tem um pouco da minha vida*, ela disse. Contei pra ela que me achava muito introvertido, tímido, e ela disse que também era assim. Houve uma identificação entre nós. Então eu disse: *Se você não me der abertura, não me deixar fazer um trabalho com você, eu não vou conseguir. Não consigo na marra, não sou de brigar com as pessoas. Eu entro na amizade, então é muito importante a gente ter uma boa relação, um confiar no outro*. E ali nasceu uma cumplicidade e uma relação que foi muito boa durante o filme inteiro. Mesmo porque na época não havia o que chamamos hoje de preparação de ator: tudo se resolvia no *set*.

Ela às vezes me atrapalhava um pouco de tão molecona que era. Brincava o tempo todo. Foi uma relação boa que surgiu ali, uma energia muito positiva. Ela era muito responsável e não se envolvia em problemas. Qualquer coisa, ela falava *resolvam com minha mãe*. Às vezes faltava pouca coisa para filmar, a cena ficava para o dia seguinte, e ela tinha outro compromisso. Não havia problemas: Xuxa ia ao compromisso, e voltava rapidamente para as filmagens. Tudo o que foi acordado, ela cumpriu. A mãe dela exigia as datas certinhas. Fiquei impressionado com o profissionalismo desta menina tão jovem que já demonstrava enorme carisma. Desde aquela época Xuxa já fazia sucesso com os baixinhos. A garotada de Mogi-Guaçu aguardava na porta do hotel para ganhar seu autógrafo e ela fazia questão de atender a todos e ainda os organizava em fila.

Numa determinada noite, estávamos filmando na cidade de Pinhal, e era época de Finados. A cidade inteira foi ver as filmagens. Os estudantes da Faculdade de Agronomia local, filhos de fazendeiros, estavam alterados, eufóricos, fazendo muito barulho, e a produção não foi muito inteligente na forma de abordá-los. Resultado: eles engrossaram. Xuxa interveio e conseguiu apaziguar a todos, dizendo que tiraria fotos com todo mundo nos momentos em que o diretor a liberasse. Enquanto fazíamos as mudanças de câmeras e luz, ela atendia aos estudantes. À medida que as horas iam avançando, estes estudantes viraram amigos da equipe. Se não fosse a Xuxa, a situação poderia ter acabado muito mal. Foi muito gratificante trabalhar com ela, e acredito que ela está muito bem no filme.

Muitos anos depois, em 2009, nos reencontramos na cidade de Brotas, onde ela foi prestigiar a inauguração do cinema do cantor Daniel e a pré-estreia da nova versão de *O Menino da Porteira*. Neste reencontro, ela foi muito fria comigo. Talvez até nem tenha me reconhecido. Não liguei muito, não tocamos no assunto. Foi como se eu estivesse sendo apresentado para ela naquele instante. Ela me cumprimentou formalmente e se portou como se nunca tivesse me visto na vida.

De qualquer maneira, não aconteceu muita coisa com *Fuscão Preto*. Mesmo porque naquele momento os cinemas de rua já estavam começando a fechar, e o público a diminuir. *Fuscão Preto* foi lançado em cinemas de shopping. O público de shopping era arredio a este gênero de filme e o público do filme não frequentava shopping. Ali foi um momento em que eu tomei consciência sobre o porquê de não fazer mais este tipo de cinema.

Na época inclusive havia polêmica sobre o uso do álcool como combustível. Havia quem defendia que o Brasil devia aproveitar as terras onde se plantava cana para produzir alimentos. O filme aborda um pouco esta questão, além da metáfora do *homem versus máquina*. Máquina que representava a tecnologia, pois estávamos em 1980, ainda não havia telefone celular nem computadores pessoais, e faço referência a uma futura autonomia da tecnologia. Creio que foi uma previsão pessimista, pois, no filme, o carro vence. Mas é o tal negócio, são pouquíssimos os que olham além do jardim – é filme caipira, então não tem nada pra dizer. Com exceção de Aramis Millarch, crítico de Curitiba, ninguém mais olhou para o subtexto do filme.

Capítulo XXI

De Volta à Publicidade

Percebi que cada vez que eu saía para fazer um longa-metragem eu me afastava da publicidade no mínimo seis meses, e quando voltava era sempre um recomeço. Todos os meus contatos eram perdidos, porque o setor é muito dinâmico. Resolvi investir mais na publicidade e me dei o prazo de cinco anos para me firmar. E, com esta decisão, afastei o longa da minha vida por pouco tempo, mas tudo deu tão certo na publicidade que este tempo foi longo demais. Passei a receber muitos convites para dirigir filmes publicitários no Rio Grande do Sul, Paraná e Minas Gerais. Para alguns trabalhos fiz parceria muito profícua com Edgar Ferreti, para quem já havia montado na época que ele tinha a Módulo. Foi um período que eu trabalhei muito. Acredito que tudo é quilometragem rodada: quanto mais se faz, mais se exercita. Foram as agências de Porto Alegre que começaram a fazer filmes de varejo mais criativos e com qualidade. Mesmo em São Paulo os filmes de varejo pareciam banca de camelô. Não havia preocupação criativa nem de qualidade. Naquela época, o Rio Grande do Sul valorizava muito os profissionais paulistas. Era um pouco difícil trabalhar por lá, porque naquele momento as equipes de lá eram incipientes e muitas vezes tínhamos de levar gente de São Paulo para trabalhar. Aos poucos, íamos formando os profissionais gaúchos. Às vezes eu conseguia levar um técnico, um diretor de fotografia, ou um eletricista que ensinava o pessoal de lá. Assim, fui implantando um jeito de trabalhar. Tudo era feito em vídeo, mas com linguagem de cinema. Eu me lembro que a gente finalizava na Rede Brasil Sul (RBS), com edição linear, o que era bastante complicado. E se filmássemos em película, era necessário revelar e finalizar em São Paulo. Foi um período que trabalhei muito, mas fazendo filmes de orçamento baixo e, por consequência, de produção limitada, mas que me deram muita experiência, onde pude experimentar de tudo um pouco. Também deu para fazer um caixa.

Porém, logo percebi que trabalhando fora de São Paulo eu continuava sendo *estrangeiro*, da mesma forma que eu me sentia quando saía para fazer longa-metragem e voltava meses depois. Eu não conseguia me firmar no mercado publicitário de São Paulo, que era a vitrine para todo o Brasil.

Capítulo XXII

Na Hora, no Lugar e com a Pessoa Certa por Duas Vezes

Eu tinha uma assistente em São Paulo, a Teca, que se queixava de eu trabalhar pouco aqui, porque ela ficava sem trabalho. Então ela começou a me conseguir trabalho em São Paulo. Teca havia trabalhado na DPZ junto com o Júlio Xavier, o Julinho, que já tinha sido importante na minha carreira de montador. E esta ocasião passa a ser o segundo momento em que Júlio foi determinante na minha vida, a partir do momento em que a Teca conseguiu mostrar meus trabalhos para ele. Naquela época, com raras exceções, o pessoal das agências de publicidade analisava o trabalho de um profissional de direção apenas pelo aspecto estético; poucos conseguiam avaliar o que havia por trás, se tinha uma boa direção, se o diretor tinha potencial. E infelizmente os filmes que eu tinha eram pobres de produção, porque eram de baixo custo. Os filmes custavam um décimo dos que eram feitos em São Paulo. Nem sempre eram os melhores fotógrafos e às vezes a fotografia deixava a desejar, a direção de arte não era primorosa, as equipes eram voluntariosas, mas amadoras, enfim... Mas era bem claro que os atores eram bem dirigidos. O Julinho tinha um olhar apurado e sabia olhar além da aparência, assistiu ao meu repertório e percebeu que havia uma direção e que eu dirigia bem os atores. Ele estava na Espiral, uma das maiores produtoras daquela época, e viu meu repertório numa terça-feira, e eu voltaria para São Paulo na sexta. Na quinta ele procurou a Teca, dizendo que tinha uns filmes que não conseguiria dirigir, por falta de tempo. Propôs então que eu dirigisse, sob a supervisão dele. Foi tudo tão em cima da hora que Teca foi me buscar no aeroporto, e de lá fui direto conversar com o Julinho. Era uma campanha do Banespa. A supervisão dele era ver o teste de elenco e o filme editado antes de apresentar para a agência. A campanha tinha uns filmes meio *non sense*, e o tema era *Quem não sacou, vai sacar*. O sacar tinha sentido de entendimento, mas o engraçado é que depois que esta campanha foi ao ar os bancários fizeram uma greve e pegaram o mote no sentido de *sacar,* de retirar o dinheiro. O que só prova o sucesso que ela foi. Sucesso que me abriu as portas neste fechado mercado publicitário. Por duas vezes dei a sorte de cruzar com o Julinho no momento e no lugar certo.

Estúdio da Espiral, São Paulo: Riva Nimitz (na época, a famosa personagem Clarita Salgado), Jeremias Moreira e Nhá Barbina, 1986

Capítulo XXIII

A Criação de Toda uma Família

Trabalhei em várias produtoras, como Filmecenter, LynxFilm, Enzo Barone Filmes, Movie&Art, Espiral, Noar e Companhia de Cinema. Houve um período em que fiquei dividido entre a Companhia de Cinema e a Noar, e eu era diretor nas duas. Na Cia. de Cinema, em 1989, aconteceu o que eu considero o melhor momento da minha vida profissional, onde coincidiram bons roteiros e boa estrutura de produção. Talvez até a melhor estrutura de produção que eu já tive. Foi na Companhia de Cinema que fiz a campanha de lançamento da margarina Qualy, onde pude aplicar com bastante sucesso todo este processo de trabalho de ator que eu vinha desenvolvendo. Estes filmes eram da DPZ, agência que nunca imaginei que um dia eu trabalharia. Na história da propaganda brasileira a DPZ tem um lugar de honra. Sempre foi uma agência ousada, criativa, de extremo bom gosto e responsável por peças memoráveis. Sem contar o Duailibi, o Petit e o Zaragoza. Lá passou gente como Neil Ferreira, Helga Miethke, Paulo Ghirotti, Washington Olivetto, Luís Toledo, Gabriel Zellmeister, Ruy Lindenberg, Murilo Felisberto, Rose Ferraz, Nizan Guanaes, Fabio Bôer, enfim, uma lista enorme dos melhores publicitários brasileiros. Realizar filmes para a DPZ era uma aspiração de dez entre dez diretores, porém, não para mim. Sem me ater muito a isso, imaginava uma enorme distância entre meu jeito simples e a sofisticação que eu fantasiava do pessoal da DPZ. Na minha cabeça era como azeite e água.

Numa das voltas que a vida dá, a Cristina Partel foi trabalhar na agência SMP&B, de Belo Horizonte, como RTVC, e realizou um filme do Banco do Estado de Minas Gerais com a Cia. de Cinema e o Maninho me indicou para dirigir. Cristina gostou do resultado do filme e, neste meio-tempo, foi contratada pela DPZ. O seu primeiro trabalho na DPZ foi um filme de mistura de bolo Sadia e ela me indicou ao Paulo Ghirotti, que não me conhecia, mas aceitou o aval do Maninho. O filme mostra um garoto que *fila,* escondido, um pedaço de um bolo que a mãe fez, todo enfeitado com motivos suíços – casinha, neve e um casal de tiroleses. Ele corta uma fatia, com voracidade, e neste instante os bonecos ganham vida e começam a dançar sobre a neve de glacê que cobre o bolo. Surpreso, o garoto observa e diverte-se enquanto come. Era uma grande oportunidade de experienciar um jeito criativo de trabalhar com criança. A artista plástica e educadora Deborah Paiva, com quem eu vivo há mais de 40 anos, me passou alguns conceitos sobre a teoria do desenvolvimento infantil de Jean Piaget. Criança com idade de 1 a 2 anos não há como dirigir. Ela é extremamente egocêntrica e só resta ter toda a paciência do mundo, rodar muito negativo e, por indução, tentar que a criança faça o que o roteiro pede. Com crianças dos 2 aos 5 anos a direção se dá através de brincadeiras e é necessário um repertório enorme de situações que consigam a atração dela, pois sua concentração dura não mais que 30 segundos. Crianças dessa idade são as que dão mais trabalho num filme. A partir dos 5 anos é a idade em que a criança já reconhece regras, o que possibilita combinar jogos dramáticos. Porém, antes da alfabetização a criança não consegue um pensamento abstrato, o que efetivamente começa a acontecer depois dos 10 anos.

Quem realizou as cenas dos bonecos dançando sobre o bolo foi o Cao Hamburguer. Ele usou uma técnica de massinhas e filmou quadro a quadro, o que demorou quatro dias. Como fazer, então, um garoto de 4 anos imaginar dois bonecos dançando e reagir se, quando filmei com ele isto, efetivamente, não aconteceu, e nesta idade a abstração é impossível? Tive a ideia de contratar um mágico e posicioná-lo no lugar do bolo, para onde o garoto olhava enquanto estava sendo filmado. O mágico fazia seus truques e o menino reagia e se divertia de verdade. Depois do filme montado a impressão que se tem é que o menino está reagindo ao que os bonecos fazem durante a dança. Suas reações ficaram verdadeiras porque ele reagiu de verdade com as mágicas. O filme ficou ótimo e o Paulo Ghirotti aprovou na primeira apresentação. Esta experiência rendeu pontos para a Cristina, para o Maninho e para mim.

Logo em seguida foi a vez de realizar um filme da gelatina Sadia, que era uma mistura de técnica ao vivo com animação. Um garoto e o *Lec-Trec*, o frango da Sadia, invadem a geladeira para comer gelatina e são surpreendidos pela mãe. A animação seria feita pelo Daniel Messias e deveria ser uma animação plana, sem volume, isto é, chapada , que era como se fazia naquele tempo. Acontece que havia sido recém-lançado o filme *Uma Cilada para Roger Rabbit*, o qual revolucionou o desenho animado, pois fazia a integração do vivo com o animado de forma mais orgânica. Os personagens animados tinham volume e sofriam as interferências do mundo real, como luz e sombra, além de interagir com os objetos. Minha assistente era a Denise Costa, que conceituava roteiros muito bem. Foi dela a ideia de realizar este filme de gelatina Sadia com a técnica do filme de Roger Rabbit. A finalização era em truca, não havia ainda a facilidade da computação gráfica. Era preciso uma montanha de máscaras e contramáscaras. Reunimos todos os envolvidos no processo, vimos que seria exequível e decidimos levar a ideia para a DPZ. Paulo Ghirotti aprovou e tocamos em frente. Foi o primeiro filme, realizado no Brasil, a utilizar esta técnica. Tornou-se um clássico e um marco para a animação brasileira. Quando ele ficou pronto eu imaginei que as pessoas iam assistir e se impressionar com a atuação do garoto e com a perfeita integração entre o que era animado e o que era ao vivo. Para minha surpresa, as pessoas que assistiam ao filme olhavam com a maior naturalidade como se tudo que era animado estivesse presente no momento da filmagem. Mais tarde percebi que este olhar com naturalidade, sem surpresa, nada mais era do que a confirmação de como o filme foi bem realizado.

A Sadia ia entrar no fechado mercado de margarina com sua marca Qualy e a DPZ criou uma campanha que seria uma espécie de novelinha, com uma família que se repetia em vários comerciais. Para o processo da escolha do elenco, elaborei um teste que foi na base da capacidade que os atores tinham de improvisar, e foi dividido em duas etapas. Na primeira, o teste era individual e o ator criava um personagem que respondia a algumas perguntas sobre supostas circunstâncias vivenciadas por ele, personagem. Era proibido dizer que aquilo não havia acontecido. Partíamos do princípio que acontecera e o ator tinha que se virar e criar as respostas dentro das circunstâncias. Os selecionados nesta primeira fase enfrentavam um segundo teste, agora em dupla, onde o objetivo de um era o conflito para o outro. A intenção não era que houvesse vencedor, mas, sim, avaliar a criatividade de cada um e a capacidade de sustentar um jogo dramático. Acabamos assim fechando com um elenco incrível.

A campanha mostrava, por exemplo, um café da manhã na casa do noivo, e outro na casa da noiva, cada qual com a sua família. Para este filme, já com o elenco selecionado e personagens construídos, elaborei toda a árvore genealógica de cada um, incluindo tios, primos e avós. Quando reuni o elenco e distribuí os papéis, todos ficaram encantados com a atenção que estava sendo dedicada a eles. Durante as filmagens, fiz com que todos trabalhassem de fato como personagens, independentemente da participação maior ou menor de cada um dentro do filme. O resultado ficou muito verdadeiro, muito natural, parecendo uma família real. Na verdade, o que faço é construir uma grande história, na qual o roteiro do cliente/agência faça parte como uma cena. Os atores agem como personagens vivendo esta história maior e a cena, que é o filme do cliente/agência, passa a ter sentido na vida destes personagens.

Creio que o maior elogio espontâneo que ouvi por este filme aconteceu num dia em que eu estava em Itapetininga, cidade de onde veio parte da família da Deborah. Fiquei sabendo que lá havia um adestrador de animais tido como muito bom, muito profissional, e eu estava exatamente à procura de um bom adestrador de cães. Eu já havia feito muitos filmes com animais, e sempre com muitas dificuldades, porque na verdade os chamados *preparadores de animais* não preparam nada: é sempre alguém da equipe que consegue que o animal faça o que necessite ser feito. Em Itapetininga, realmente percebi que o adestrador era ótimo, e eu fui conversar com ele, para ver se ele não estaria disposto a preparar um cachorro para um filme. *Se você me der 15 dias, eu consigo*, ele me disse. E completou, dizendo que, se eu quisesse, ele conseguiria fazer com que o cachorro fosse tão bom quanto o Nestor, que era exatamente o cão da propaganda da Qualy. Ele sabia até o nome do animal. Falei então que eu havia sido o diretor dos filmes da

Qualy, e ele ficou encantado por estar falando com o diretor daqueles filmes e quis tirar uma dúvida. Alguém, num papo entre vizinhos, dissera que aquelas pessoas que apareciam nos filmes da Qualy eram todas da mesma família e ele queria saber se era verdade. Eu expliquei que não, que eram atores que se conheceram no estúdio. Mas fiquei muito feliz com a pergunta dele, pois se eu havia conseguido criar no imaginário do consumidor a sensação de que aquela família dos comerciais da Qualy era realmente de verdade, e não atores, isso era sinal que eu estava conseguindo trabalhar uma dramaturgia de verdade, isto é, eu estava levando para a publicidade o jeitão do longa-metragem.

Capítulo XXIV

Criar Medo Faz Parte da Profissão

Houve uma época em que fiz muito filme com criança. Eu era considerado o rei do filme infantil, porque todo filme onde o elenco fosse formado majoritariamente por crianças era mandado pra mim. Fiz a campanha de lançamento das sobremesas Nestlé, que era inspirada na turminha do filme *Os Goonies*, de muito sucesso naquela ocasião. Novamente, assim como já havia feito com a margarina Qualy, criamos e desenvolvemos os personagens. Marquei então um dia para que todos os atores-mirins fizessem em conjunto um exercício do tipo *Caça ao Tesouro*. Eles ainda não conheciam os roteiros dos filmes, ainda não sabiam que num dos filmes eles deveriam entrar num mercadinho para roubar sobremesas, e que seriam surpreendidos por um guarda. O meu receio era que todos eles eram crianças de classe média, e que certamente nunca passaram pelo medo de enfrentar uma situação real de perigo. Como crianças que viviam sob a proteção de suas famílias, que desconhecem o medo real, como eles iriam reagir diante da ameaça de um guarda? Já comentei sobre a faculdade de abstração como um limitador para a criança. Pois é, tive muito receio que eles tivessem reações falsas, forçadas, o que certamente iria prejudicar o resultado final do filme. Eu queria que estas crianças tivessem uma experiência onde realmente eles sentissem acuados, que eles tivessem realmente uma vivência do que era perigo. Um menino de periferia, por exemplo, tem esta vivência, o dia a dia dele por si só já é uma situação perigosa. Já o menino urbano, de classe média, não tem a maturidade e a capacidade de abstração de ator, de adulto, para incorporar o medo em sua interpretação.

Pois bem, propus então para a produção que todos nós, juntos, tomássemos um lanche depois de um exercício que eu faria com as crianças. Eu os levaria para conhecer o cenário e depois proporia um lanche em qualquer lugar. Fomos todos então ao restaurante Senzala, da Praça Pan-americana, onde lanchamos normalmente, com todo mundo conversando, se integrando, etc. Chegou na hora de pagar a conta, coloquei em prática uma pequena encenação minha que eu já tinha previamente combinado com o gerente: o garçom propositalmente não entregava a conta, e eu comecei a fingir, para os garotos, que estava muito chateado com a demora. Passado um tempinho, falei pra eles: *Tá demorando muito, isso é um absurdo, vamos embora sem pagar*. Alguns se assustaram com a ideia, outros duvidaram, enfim, cada um teve uma reação. A gente saiu, o garçom gritou *O senhor aí!*, e uma das crianças falou: *Eu sabia que não ia dar certo*. Comandei a garotada pra fora, para que todos saíssemos sem pagar a conta. Eu já havia armado com a produção de deixar o ator que faria o guarda no filme do mercadinho devidamente uniformizado, próximo da banca de jornais. Quando saímos todos, não deu outra: o *guarda* nos deu voz de prisão. Um dos meninos falou: *Não, tio, somos atores e não vamos fazer isso*, e o fato é que o guarda veio nos prender. As carinhas dos meninos foram inesquecíveis!. Eu consegui com isso criar uma situação em que eles foram presos *de verdade*, já que eles não sabiam que aquilo era armado. Eles perceberam que aquilo era brincadeira quando a câmera se aproximou, porque nós estávamos fazendo o making of. Quando perceberam, já tinham tomado o susto. Sempre fiz este tipo de coisa. O que eu posso fazer para contribuir para a cena, para que a coisa flua bem? O susto que eles levaram foi real, porque aquela situação estava acontecendo na cabeça deles. O que foi ótimo para o filme. Depois de tudo esclarecido, quando fomos filmar, para buscar a sensação de medo eu relembrava para eles a história do guarda, e os resultados foram excelentes.

A campanha foi um sucesso, maravilhosa. Pena que um grupo de senhoras de Porto Alegre entrou com um processo e tiraram o filme do ar, argumentando que a propaganda incitava ao roubo. Praticamente acabou com a campanha. Foi mesmo uma pena porque a turminha era maravilhosa, todos estavam superentrosados, amadurecidos e estava fácil de trabalhar.

Capítulo XXV

Um Leão no Meio do Caminho

Quando estava na Noar dirigi um filme da C&A para o Dia dos Pais que chamou a atenção do público pela atuação de uma garotinha de apenas 4 anos e me alegrou pelo que consegui extrair da menina. No filme, um pai põe a filha para dormir, mas antes lê uma história para ela. Ela está na cama e brinca com seu hamster, enquanto ouve. Ao terminar a leitura o pai pergunta se a filha gostou da história. Para surpresa geral e espanto do pai, a garotinha faz uma crítica ao conteúdo da história. Ela diz: *Ah, pai, achei a história um pouco monótona e a princesinha era muito submissa!* Eu não queria que a garotinha falasse um texto simplesmente decorado, queria que ela soubesse o que estava dizendo, que o texto fizesse sentido para ela. Como fazer isso com uma criança de apenas 4 anos? Criei um jogo em que as palavras-chave do texto entravam com um sentido lúdico equivalente ao sentido linguístico. Ela conseguiu entender isso no jogo e, durante a filmagem, quando ela dá o texto, ela sabe exatamente o significado das palavras. Tanto é que o hamster não parava quieto e num determinado momento eu disse que o hamster era submisso e ela respondeu: *É nada, ele é rebelde*. Este roteiro foi uma criação do Nizan Guanaes, que fez um *free lance* para a C&A. Vim saber disso alguns anos depois quando o Nizan já tinha a DM9 e procurou a Cia. de Cinema, e a mim, propondo um contrato de risco: um filme para a Metalúrgica Matarazzo que a sua agência estava prospectando. O filme mostra uma mulher grávida e faz uma metáfora do útero como embalagem – a melhor do mundo. Esta peça ganhou um Leão de Ouro no Festival Internacional de Publicidade de Cannes.

A criação deste filme é incrível e talvez seja o único que fiz onde a ideia é 90% do filme. Minha direção só tem o mérito de não ter estragado a ideia. Foi o primeiro Leão de Ouro do Nizan e meu. Algum tempo depois Nizan nos procurou para outro filme, pisos Poliflor, da Fórmica, também na base do risco. Numa terceira vez o Maninho se recusou a fazer nestas condições. Então a Noar Filmes se ofereceu para fazer com a minha direção. Foi uma época que eu trabalhava nas duas produtoras. Acontece que eu tinha alguns filmes para fazer naquela semana na Cia. de Cinema e os filmes da DM9 eram urgentes. Eu fiquei meio de *saia justa* com a recusa do Maninho em fazer os filmes do Nizan e a necessidade de não adiar os filmes da Cia. de Cinema. Expliquei minha situação para a Socorro, que era a RTVC da DM9, e disse que na semana seguinte eu poderia fazer os filmes deles, na Noar. Não sei como isto chegou ao Nizan. Os filmes da DM9 foram feitos na Noar, naquela semana, por outro diretor. Depois disso nunca mais o Nizan me deu um filme.

Capítulo XXVI

A JerêFilmes

Em novembro de 1991, a DPZ propôs para a Cia. de Cinema um pacote de sete filmes para a Nestlé, por uma determinada verba. As previsões econômicas para o país para o ano de 1992 não eram boas. O Maninho me consultou e achamos a verba apertada, mas os roteiros eram bons e um pacote desses não era para se jogar fora. Aceitamos, porém a verba exigia que todos os filmes fossem realizados em não mais que cinco diárias. Iniciamos a produção em janeiro e pelos dois filmes de sobremesas Nestlé, que eram os mais complicados. O fotógrafo foi o Sérgio Mastrocola.

Sempre respeitei o ritmo dos profissionais que trabalham comigo, ainda mais quando eles estão dando o melhor de seus conhecimentos profissionais para o filme. Em geral o fotógrafo concebe a luz de um filme, elabora um mapa que indica a posição dos refletores, e passa com antecedência para os eletricistas e maquinistas. Esta preparação é conhecida por *pré-light* e agiliza a filmagem. Mesmo assim, muitas vezes durante a cena o fotógrafo sente a necessidade de colocar mais um refletor num determinado lugar. Há uma ação física na execução deste ato que não tem como ser evitada. O eletricista tem que usar uma escada, subir, fixar o refletor, direcionar o foco para o ponto exato, e por aí vai. Enquanto isso acontece, não há o que ser feito para acelerar a filmagem. É algo que faz parte do processo. E o fotógrafo só está querendo fazer o melhor. Outras vezes é algum equipamento que demora mais para ser montado, enfim, é comum durante uma filmagem acontecer imprevistos. Sou considerado um diretor que filma rápido. Dos 35 minutos, que é a média que demoro em realizar um plano nas minhas filmagens, a produção e a equipe técnica ocupam 30 e eu apenas 5. Por tudo isso e pela complexidade do tema, os dois filmes de sobremesas Nestlé foram realizados em quatro diárias. O Maninho irritou-se com isso. Convocou uma reunião e cobrou meu compromisso em realizar todos os filmes em cinco diárias. Dei razão a ele, porém justifiquei com os argumentos que descrevo acima e, ainda, que os próximos filmes seriam mais breves, etc. Eu estava muito satisfeito com o material que tínhamos realizado e tinha a certeza de que os filmes ficariam fantásticos, por isso estava muito tranquilo e seguro. No total gastamos sete diárias para todos os filmes, porém conseguimos vender mais dois, ou seja, em vez de sete, foram nove filmes. E o mais importante é que, de fato, todos ficaram ótimos e foram mais nove gols que marcamos perante a DPZ.

Enquanto eu estive na Movie&Art realizei alguns filmes em Montevidéu para a Agência Impetu, e mesmo depois que saí a agência continuou a trabalhar comigo, agora com uma produtora de lá. Durante a realização destes filmes da Nestlé, a Impetu me consultou sobre a possibilidade de ir para Montevidéu realizar uns filmes e aceitei. Nesse meio-tempo a DPZ nos apresentou outro roteiro de iogurte que exigia muitas locações, com deslocamentos e um elenco muito grande. Havia uma outra produtora concorrendo, que deu um preço difícil de ser batido. Uma opção para baixar nosso custo seria diminuir as diárias de filmagem. Lembrei-me da pressão e do sufoco dos filmes de sobremesas Nestlé e não abri mão das diárias que julgava necessárias para realizar os filmes com alto nível e com isso perdemos a concorrência. O Maninho entendeu minha imposição à quantidade de diárias como um boicote para poder ir realizar os filmes em Montevidéu. Eu tinha plena liberdade de estipular a data dos filmes da Impetu – poderia ser até num final de semana – e iria de qualquer jeito, então não tinha nada a ver. Também já tinha demonstrado minha lealdade no episódio do filme do Nizan envolvendo a Noar. Além disso, esta acusaçãopunha em xeque minha ética profissional. Eu me irritei, discutimos e rompemos. Foi uma cena totalmente emocional e infantil. Sempre que penso neste episódio lamento a ausência de uma terceira pessoa para pôr *panos quentes* na discussão. Eu gostava do Maninho e ele de mim. Nossa parceria estava dando certo e infantilmente rompemos.

Douglas (assistente de câmera), Zetas Malzoni (fotógrafo) João Roni (produtor) e Jeremias Moreira durante filmagens de comercial para Sandálias Djean (Azaléia), na cidade de Canela, 1985

Jeremias Moreira durante filmagem de comercial para Sandálias Djean em Canela, RS, 1985

Entre alguns curiosos, Douglas (assistente de câmera, em pé, ao lado da camera), Zetas Malzoni (fotógrafo operando a camera) e Jeremias Moreira no set de um comercial de Sandálias Djean (Azaléia), em 1985 - Canela -RS.

Solto no mercado passei a receber propostas de diversas produtoras. Assim como na época de *O Menino da Porteira* não me dera conta de ser o diretor de um filme de enorme sucesso, novamente eu não tive consciência do meu valor no mercado publicitário naquele momento. O porto mais seguro para mim naquele instante teria sido a Noar Filmes, que sempre me dera boas condições para realizar meus filmes. Mas a Cristina deu a entender que a Noar não era uma produtora top e que não seria do agrado da DPZ realizar filmes com eles. Deixei me influenciar por tal argumento, não fechei com a Noar e decidi esperar, mas passei a sentir falta de um chão firme como eu tivera na Cia. de Cinema. Continuei realizando filmes como *free lance* em diversas produtoras, mas eles não tinham o brilho que eu conseguira nos últimos anos.

A Frame, uma produtora nova, mas que entrou no mercado com um marketing forte e arrebanhando grandes profissionais, ganhou uma concorrência de alguns filmes do Itaú e a DPZ me indicou para dirigi-los. O que o mercado desconhecia é que desde seu surgimento a Frame funcionou com total descontrole na produção. Gastava-se mais do que o orçado. A Dalila Munhoz era a diretora comercial e seu departamento era muito eficiente e captava muitos filmes e assim a Frame filmava muito. Com isso o rombo financeiro ficou grande rapidamente. Durante a realização dos filmes do Itaú a Frame encerrou as atividades. Seus proprietários eram investidores que não pertenciam ao mundo do cinema e da publicidade e não tinham nenhum compromisso com o mercado. Comigo, com a Dalila e com outros profissionais da área era diferente. Seria um desgaste muito grande e comprometedor deixar de entregar os filmes. E fui cobrado pelo RTVC da DPZ da minha corresponsabilidade para com os filmes. Com o auxílio da Dalila, algumas composições e um mutirão de técnicos consegui meios de realizar e entreguei os filmes.

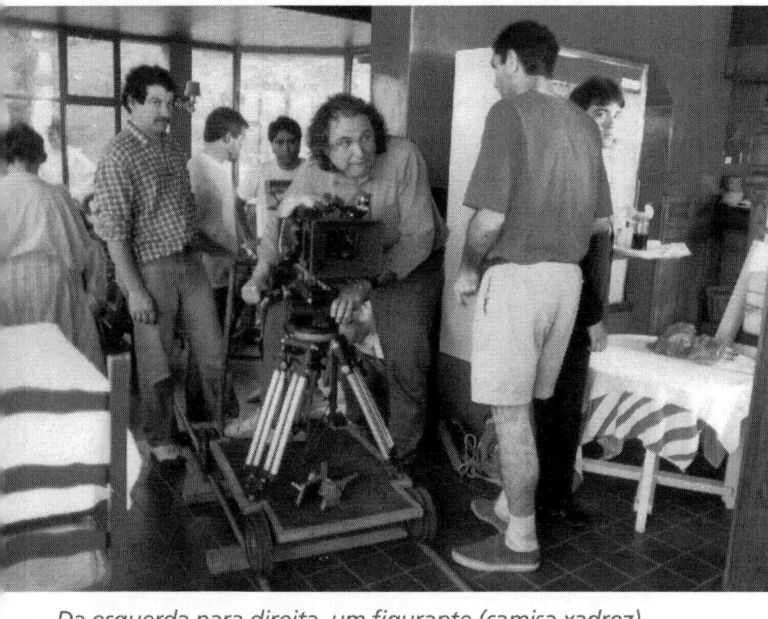

Da esquerda para direita, um figurante (camisa xadrez), César Charlone (ao fundo, de camisa branca), Moises Pancia, Jeremias Moreira (na câmera), e o assistente de câmera Túlio (camisa vermelha) no set de filmagens para um comercial de Cigarros Coronado, em Montevideo - Uruguai, 1989

O assistente de câmera Túlio e Jeremias Moreira (na câmera) no set de filmagens de um comercial de Cigarros Coronado - Montevidéu - Uruguai, 1989

Cesar Charlone, Leonardo Ricagni e Jeremias Moreira durante filmagens de comercial de Cigarros Coronado. Montevidéu, Uruguai, 1989

Assim que os filmes foram entregues a Dalila mostrou-me que no movimento de terminá-los estávamos com uma produtora praticamente estruturada e me propôs dar seguimento e oficializar uma sociedade. Ela ficaria com a parte comercial. Foi ideia dela o nome JerêFilmes, que, segundo ela, eu estaria dando um aval pessoal à produtora. Honestamente não achei um bom nome, mas aceitei o argumento da Dalila. Curiosamente, a Jerê, como é conhecida, com o tempo ganhou autonomia e é comum não associarem com o Jerê, que sou eu. Assim, montamos a produtora, porém seis meses depois ela e o Delcio, seu marido, resolveram mudar para Ubatuba e ela deixou a sociedade.

Às vezes tomamos decisões que lamentamos mais tarde. Outras vezes lamentamos pela falta de uma. Embora isso sempre fique no plano da subjetividade, pois nunca haverá parâmetro de comparação com as outras possíveis.

Realizei os meus melhores trabalhos nas produtoras onde havia um produtor executivo forte. Na Lynx havia o Sadi Scalante; na Espiral, a Rosa Jonas; na Movie&Art, o Paulo Dantas; na Noar, o Nelson Perpétuo; na Cia. de Cinema, o Maninho; e, mais recentemente, o Carlos Nascimbeni, na TV Cultura, durante a série *Galera*. O produtor executivo é quem pressiona e cobra a direção, mas, por outro lado, é quem dá todo o respaldo necessário. Ao longo de um trabalho nasce uma parceria e cumplicidade que objetiva a qualidade do filme. O exercício da direção é um ato muito solitário e saber que na retaguarda tem esta pessoa, bem, a gente se sente seguro, o que, diga-se, é tranquilizador. Sou e sempre fui um realizador e não um homem de negócios. Como diretor minha função era apenas administrar o filme, e ao me ver no comando de uma produtora senti o peso de todas as implicações que isto acarreta. Não só havia perdido a retaguarda dessas pessoas como passei a ser concorrente.

Ao fundo, Zé Bob, com José Eliezer (fotógrafo) e Jeremias Moreira em filmagem de comercial de Coca Cola, 1995

Jamais saberei se o caminho que escolhi foi a decisão acertada. Sei que tem sido uma jornada árdua, mas passaram-se anos e anos, e tanto eu como a JerêFilmes estamos na ativa. Com muita energia e cheios de planos. Com a versão 2009 de *O Menino da Porteira,* voltamos ao mundo do longa-metragem.

Capítulo XXVII

Galera, Além do seu Tempo

Por ter desenvolvido um trabalho bem-elaborado para crianças, com muito destaque no mercado, em 2002 fui convidado pelo Carlos Nascimbeni, que era gerente de produção da TV Cultura, para tentar resolver alguns problemas no programa *Ilha Rá-Tim-Bum*, que estava passando por algumas dificuldades. Já fazia algum tempo que eu queria muito trabalhar com televisão justamente porque queria aplicar este trabalho de ator numa dramaturgia mais elaborada, mais extensa. Numa dramaturgia de verdade. Na publicidade sempre existe o limite dos 30 segundos e o texto, com raras exceções, sempre é para vender alguma coisa. Acertei com a TV Cultura, mas a negociação se desenvolveu de outra forma, de maneira que eu não fui para o *Ilha Rá-Tim-Bum,* mas, sim, para um projeto novo que se chamava *Galera*. A mudança foi ótima porque eu tive a oportunidade de pegar tudo desde o início, o que é sempre muito mais gratificante que pegar o bonde andando.

Começamos a trabalhar o roteiro, onde eu tive a felicidade de encontrar Beto Moraes, roteirista extremamente inteligente, bem-informado, culto, com uma cabeça incrível. Os roteiros do *Galera* eram incríveis, o que possibilitava à direção deitar e rolar. O grande trabalho que fizemos ali foi a escolha de elenco, utilizando o processo que trouxe da publicidade, porém um pouco mais elaborado. Felizmente não tive na TV Cultura todas aquelas limitações típicas que a falta de tempo na publicidade ocasiona. Selecionamos 13 alunos da segunda série do segundo grau, e depois outros 16 para completar a classe. Numa outra etapa, completamos o elenco inteiro num mesmo colégio, no Tatuapé. O resultado ficou dos mais interessantes, porque quem assistia ao *Galera* tinha a sensação de estar no pátio de uma escola, porque a figuração inteira também atuava.

Recentemente, agora em 2009, assisti ao *A Onda*, filme alemão que foi bem cotado no Festival de Cannes e pela crítica mundial. A história acontece com estudantes de uma escola e tem a linguagem muito parecida com a do *Galera*, que realizamos seis anos antes. Pena que o *Galera* ficou perdido na grade de programação da TV Cultura – era exibido às 13 horas de domingo – e foi pouco visto. Contudo, é uma série fantástica. Se fosse veiculada numa TV comercial teria feito muito sucesso.

Capítulo XXVIII

Um Cineasta de Fôlego, que Corre 42.195 metros

Meus irmãos foram grandes atletas. Praticavam futebol, basquete, vôlei e ginástica de solo e eram bons em tudo. Eu pratiquei apenas futebol e nunca fui bom como eles, mas sempre gostei de esporte. Quando vim para São Paulo deixei de praticar, por falta de tempo e por não ter onde. Durante a realização do filme *O Predileto*, em Rio Claro, havia um assistente de eletricista, o Cezinha, que no final do dia corria da fazenda onde estávamos filmando até a cidade. Um dia resolvi acompanhá-lo. Claro que não consegui e tive que andar quase metade do trajeto. Insisti nos dias seguintes e depois de uma semana consegui. Tomei gosto e passei a correr regularmente. O que sempre me fascinou na corrida é que entro num estado de abstração que funciona como relaxante mental. Também aguça minha criatividade. Consegui solucionar diversos filmes durante minhas corridas. Certo dia, em 1993, no Parque do Ibirapuera, cruzei com a Regina Knapp, que era RTVC na DPZ, e ficamos mutuamente surpresos por um saber que o outro era corredor. Eu corria sem orientação técnica e a Regina com a do Wanderlei de Oliveira. O Wanderlei havia sido técnico do Benfica, de Portugal, e naquele momento era do Pão de Açúcar Clube e coordenador da São Silvestre. Ele é filho do Olavo, que foi zagueiro do Corinthians naquele famoso time Campeão Paulista do IV Centenário. Por meio da Regina entrei em contato com o Wanderlei e em nosso primeiro encontro, na pista de atletismo do Ginásio do Ibirapuera, antes de me cumprimentar, ele olhou para meu tênis e disse: *Se você pretende praticar corrida com esse tênis é melhor nem começar*. Apesar deste começo, fui bem no teste e aceito com a condição de me dispor a treinar para correr uma maratona. Achei que ele estivesse brincando. Era sério. Passei a fazer parte do grupo e a treinar todos os dias. Há um processo científico no treinamento de corrida, e é fascinante quando a gente começa a entender a lógica desse processo. Entender qual o efeito dos treinos de velocidade em tiros curtos num dia, alternados no seguinte com trote de longa distância. Também consegui perceber que, até então, ao correr sem orientação, eu fizera tudo errado.

Depois de um ano de treinamento, no dia 6 de novembro de 1994, na comemoração dos 25 anos da New York City Marathon e com a idade de 52 anos, corri os 42.195 metros da minha primeira maratona.

Semanas antes, havia realizando um filme de Coca-Cola, que foi entregue na quinta-feira, dia 3. O Osmar Muradas, diretor de arte do filme, me representou na reunião de aprovação na agência enquanto eu embarcava para Nova Iorque. Na reunião percebeu-se que o filme deveria ter cenas opcionais com a embalagem de 125 ml e algumas cenas teriam que ser refeitas. E com urgência.

Na sexta, dia 4, às 7 horas da manhã, cheguei à recepção do hotel, mas minha reserva só contava após as 13 horas. Resolvi, então, ir até o Centro de Convenções do Hilton, na Organização da Maratona, retirar minha credencial. Parece que o *mundo* teve a mesma ideia que eu, literalmente. Pessoas dos mais variados países, enfileiradas em colunas de cinco, que se estendiam por diversas quadras, aguardavam para retirar suas credenciais. Enquanto isso, a produção da JerêFilmes tentava me localizar para avisar da refilmagem, que fora marcada para a próxima terça, e que eu precisava remarcar a volta. Minha intenção de ficar uma semana em Nova Iorque foi para o espaço e agora deveria voltar no domingo, o mesmo dia da maratona.

Creio que, como eu, todo esse pessoal havia desembarcado das centenas de voos que chegam, do mundo todo, pela manhã em NYC, e resolveu retirar suas credenciais. Por isso a fila se formou logo cedo, bem antes do horário de funcionamento da central. Queria ligar para São Paulo para saber notícias da apresentação do filme, mas não dava para sair e perder o lugar. Mais tarde, passaram por mim, em direção ao final da fila, duas pessoas que eu sempre via no Ibirapuera. Chamei-os, eles economizaram um bom tempo de espera e guardaram o meu lugar para eu telefonar para São Paulo. Liguei do saguão do Centro de Convenções do Hilton e fiquei sabendo da refilmagem e que teria que remarcar minha passagem. Recentemente assisti ao filme *Conduta de Risco*, com George Clooney, e identifiquei que a cena final do filme é ambientada neste saguão do Hilton, de onde fiz a ligação.

Passei o restante do dia tentando remarcar a passagem. Estava difícil por telefone e resolvi ir pessoalmente numa agência da American Airlines, na Grand Station. Constatei que só em filmes estalam-se os dedos e aparece um táxi. Eu não conseguia nenhum e resolvi ir a pé. Depois andei da Grand Station até o Central Park, onde fui encontrar com as pessoas do meu grupo, num restaurante. Ter andado muito afetou a musculatura da perna e senti isto durante a corrida.

Existem duas máximas sobre corrida e maratona. Uma é: *Resistência é como um tanque de combustível sem marcador. Não avisa quando vai acabar*, e a outra: *Metade da maratona são 30 quilômetros. Os 12 finais equivalem a outros 30.*

Quando se ouve que uma maratona tem 42 quilômetros tem-se a ideia de que é uma loucura correr esta distância. De fato não é fácil, mas, em geral, os participantes não caem numa maratona do nada. Há toda uma preparação e condicionamento para isto. Eu havia me preparado por um ano. Com base no teste fisiológico que fiz, o Wanderlei elaborou um programa de treinamento individualizado, para mim, com técnica, ritmo e distância variados que me faziam correr em torno de 100 quilômetros por semana. Alternávamos tiros curtos de velocidade com longas distâncias em ritmo cadenciado, terrenos planos com acidentados. Aos sábados aconteciam os treinos longos de 30 quilômetros ou corríamos na estrada da Aldeia da Serra, aonde corríamos até uma capela, distante 12 quilômetros e voltávamos. Esta estrada é toda em aclive ou descida e isto quer dizer que corríamos 12 quilômetros só de subida. Mesmo assim, como tudo na vida, quem manda é a cabeça. É fundamental traçar uma estratégia e se concentrar nela.

A minha foi correr os primeiros 10 quilômetros ao ritmo de 6 minutos por quilômetro, os 10 quilômetros seguintes, baixaria para 5 e 1/2 e o restante a 5 minutos o quilômetro. E se estivesse bem, nos últimos 2 quilômetros daria um sprint (correr a toda velocidade). Pretendia concluir os 42.195 metros em 3 horas e 50 minutos.

Dias antes de a gente embarcar, o pessoal veterano da maratona deu algumas dicas para os novatos. Uma delas era ir para a concentração da largada, em Staten Island, com um agasalho velho para ser jogado fora depois da largada. Se estivesse muito frio, inicia-se a corrida com o

agasalho e à medida que for aquecendo vai se largando na rua mesmo porque depois do último corredor passa um caminhão da prefeitura e recolhe tudo para ser doado.

Como tinha que sair da maratona, tomar um banho e seguir para o aeroporto, resolvi deixar tudo no jeito. Combinei com um taxista de me pegar no hotel, arrumei minha mala e deixei de fora uma muda de roupa para usar na viagem. Às 6 da manhã saí do hotel vestido com um moletom, como haviam me sugerido. Só que na rua estava calor e resolvi voltar e deixá-lo no quarto. Um detalhe, este moletom era daquelas roupas que a gente gosta muito, mas estava tão velho e puído que a calça tinha um rasgo, na altura do joelho, que eu remendei com fita crepe.

O local da concentração era numa base de Fuzileiros Navais, em Staten Island, onde a organização da corrida preparou uma infraestrutura para cerca de 35 mil pessoas esperarem a largada confortavelmente. Foram montadas diversas tendas com breakfast e foi construído o maior urinol para homens do mundo. Trata-se de uma estrutura com uma tubulação de 8 polegadas, cortada ao meio no sentido longitudinal, fixada na altura do púbis de uma pessoa e que se estende por 50 metros. Imaginem o que acontece quando milhares de homens se revezam para utilizá-la em toda sua extensão!

A largada acontece na Verrazano Narrow Bridge e, apesar do aglomerado de 35 mil pessoas posicionadas na entrada da ponte, é um momento extremamente emocionante. Os alto-falantes tocavam a música tema do filme *Carruagens de Fogo* e a gente no meio daquele mar de pessoas, todos com expectativa e emoção como você, num clima de total camaradagem. De repente ouve-se um tiro de canhão. É o sinal para largar e aí, não tem mais volta, a gente é empurrado pela multidão. E a intenção de todos é apenas uma: parar apenas no Central Park. O pessoal da frente larga e já dispara. Quem está no meio da massa humana não consegue. Não há espaço. Andei por 6 minutos até iniciar uma corrida tímida. Isto tirou minha concentração. Quando tracei minha estratégia não contava em perder este tempo e passei a ter a preocupação de recuperá-lo.

Forcei o ritmo e meu planejamento foi para o espaço. No ritmo em que impus, olhava para o cronômetro e via que estava indo melhor do que planejara, me entusiasmei e passei a forçar mais. A maratona cruza o Brooklin, passa pelo Queens, entra em Manhattan pela Queensboro Bridge, pega a Primeira Avenida em direção ao Bronx. Do Bronx retorna pela Quinta Avenida e entra no Central Park, e depois de percorrer algumas alamedas pega a 59 St. até o Columbus Circle. Entra novamente no Central Park, pelo lado West, para os últimos metros até a linha da chegada, na altura da 72 St. Para a cidade, a New York City Marathon é um grande acontecimento, e para a população uma grande festa. Em todo o trajeto, a cada 300 metros tem uma banda tocando e centenas de casas e apartamentos colocam caixas de som nas janelas executando músicas. A população vem para as ruas e gritam palavras de estímulo aos corredores. É muito emocionante.

No ritmo que havia imposto, apesar dos 6 minutos perdidos na largada, cruzei a marca da meia maratona com 4 minutos abaixo do planejado. O meu ritmo, mais o efeito da endorfina que meu organismo liberava me deixaram num estado de grande euforia e a cabeça não comandava mais nada. Pouco depois isto me custou caro e conheci os efeitos das duas máximas. Havia corrido bem até ali e, de repente, sem aviso, literalmente quebrei pouco depois de atravessar a marca dos 30 quilômetros. Completei os 12 finais praticamente me arrastando. Meu primeiro erro foi me afobar quando perdi os 6 minutos na largada e depois deixei me levar pelo entusiasmo e não percebi que estava correndo além do que podia. Minha cabeça que deveria comandar deixou que eu perdesse a calma e a concentração. E isto foi fatal. Concluí a 25ª New York City Marathon em decepcionantes 4 horas e 19 minutos. Mas, no Central Park, ao cruzar a linha de chegada nada disso tinha importância. Estava eufórico por ter corrido minha primeira maratona. Sentia uma alegria enorme e minha vontade era extravasar como todos faziam, mas tinha que tomar um avião de volta ao Brasil dentro de poucas horas. Pendurei a medalha no peito e fui para o hotel que ficava na West 72 St. No trajeto era cumprimentado pelas pessoas.

No hotel, depois de um banho quente, que deu uma relaxada na musculatura, vesti a camiseta oficial da maratona, que tinha na manga esquerda o logotipo da American Airlines, que era uma das patrocinadoras. Peguei o jeans que havia separado e ao lado estava a tal calça do moletom, que tinha um remendo com fita crepe na altura do joelho, e que eu só trouxe para iniciar a corrida caso estivesse frio e me desfazer no trajeto. Pensei na classe econômica do avião lotada e no estreito espaço entre os assentos e optei em viajar com o moletom, que era mais confortável que o jeans. O táxi passou na hora combinada. Desci com a medalha no peito e fui para o aeroporto. Eu continuava eufórico e queria conversar, contar da corrida e de coisas que aconteceram durante o percurso, e não parava de falar. Eu não falo inglês e o motorista não entendia português, então, praticamente foi um monólogo. Dentro do aeroporto estava quente e no chek-in de segurança, com calor, tirei o casaco e ficaram expostas a camiseta oficial da maratona e a medalha. Estava entretido em tirar a bagagem da esteira e não percebi a aproximação de uma mulher alta e forte, com o uniforme da American Airlines. Ela convidou-me para acompanhá-la, pegou minha mala e saiu pelo aeroporto. Sem entender o que estava acontecendo, eu a segui. Passamos pela fila da classe econômica, pela da classe executiva e paramos na primeira classe. Ela falou qualquer coisa com a recepcionista, acenou para mim e foi-se. Ela era supervisora da American Airlines e estava me presenteando com um *up-grade* para a primeira classe apenas porque corri a maratona. Como passageiro da primeira classe eu podia esperar o voo na sala vip da AA. Com a calça de moletom remendada, na sala vip, devo ter feito as pessoas pensarem que eu fosse um milionário excêntrico. Sentei no balcão do bar e diversas pessoas se aproximaram para saber da maratona. Virei atração. Para os americanos, a New York City Marathon é um grande acontecimento e era incrível a importância que davam por eu ter participado dela. Para quem sempre viajou de classe econômica e excepcionalmente na executiva, por conta de alguma produção, voltar de primeira classe foi tão bom, pela mordomia e conforto. Cheguei em São Paulo descansado. Contudo, o melhor foi o bem que fez para o ego.

Em 1995, corri a Maratona de Paris, que não atrai tantos estrangeiros como a de Nova Iorque, mas fiquei impressionado com o bom humor, a criatividade e a alegria dos corredores franceses, que cantam e fazem piadas o trajeto todo. Completei esta maratona em 4 horas e 1 minuto. Também me empolguei e *quebrei* no km 39. Por 1 minuto e a apenas 2 quilômetros de completar não fiz uma maratona abaixo de 4 horas. Quebrar é uma reação recíproca do físico e do emocional. Não sei qual dos dois se manifesta primeiro. A gente sente cansaço e fraqueza que travam as pernas. Ao mesmo tempo passa a sentir uma grande raiva por se encontrar no meio de uma corrida. Lembro de me questionar sobre o que estava fazendo ali, porque havia me metido na corrida e xinguei meu técnico, meus companheiros, enfim, todos que, de alguma forma, contribuíram para a minha participação. Então, a gente para de correr, descarrega toda a histeria e, quando se acalma, vem uma espécie de vergonha e o amor próprio fala mais alto e a gente volta a correr. Só que há, de fato, uma limitação física que faz com que seu ritmo seja baixo. Os atletas profissionais quando sentem qualquer desgaste param imediatamente. Continuar nestas condições pode comprometer suas carreiras. Mas, nós, amadores, apenas queremos superar alguma coisa, que não sei explicar, que nos deixaria muito mal se, porventura, ficássemos no meio do caminho.

Em 1996, voltei a correr a Maratona de Nova Iorque. Nesse ano me hospedei no Hotel Olcott, na 72St., ao lado do Edifício Dakota, onde John Lennon morou e foi morto. Esse hotel era frequentado pelo pessoal da Máfia na época da Lei Seca e é cenário de diversos livros e filmes policiais. Nos dias que antecederam a maratona estava sendo realizado o filme *O Advogado do Diabo*, com Al Pacino, num prédio na 73St., atrás do Dakota. Claro que fui bisbilhotar. A estrutura de produção era gigantesca e tudo funcionava como um relógio. O tamanho do aparato de equipamentos dava para fazer diversos filmes brasileiros simultaneamente. Nada como ter o mercado mundial de exibição nas mãos!

Na prática de esportes três exigências têm de ser respeitadas: treinamento, alimentação e descanso. Eu me alimentava bem, treinava adequadamente, porém não descansava. O cansaço começou a interferir no rendimento do meu trabalho, então desisti de correr maratonas e passei a participar de provas mais curtas. Participei de diversas São Silvestre, de provas de 5 e 10 quilômetros e de algumas meias maratonas, que eram provas onde eu saía bem. A corrida de São Silvestre tem uma distância de 15 quilômetros, mas é uma prova difícil por causa do trajeto acidentado. A descida da Consolação, logo no início, é um convite aos desavisados a darem tudo que podem. Isso *mata* quem não sabe correr em descida, pelo impacto que causa no diafragma e dificulta a aspiração do ar. A Avenida Rio Branco, que é uma subida suave, mas longa demais, equivale, no boxe, a um soco no fígado. O nocaute acontece na subida da Avenida Brigadeiro Luis Antônio.

Por esta época realizei, na Noar Filmes, um comercial da Sharp em que o Chico Anísio fazia a locução do texto *Morrer de Infância*, de Marcos Cezar. Essa peça ganhou o Grand Prix do Festival do Filme Publicitário de Gramado e uma curiosidade é que a cantora Mariana Aydar, que na época devia ter uns 10 anos, aparece numa cena teclando um computador. Era um filme com muitas cenas e a Sharp pôs à disposição a fazenda da família Machline, em Cravinhos. Acompanhado de cinco pessoas da equipe da Noar, fui avaliar se a fazenda possuía os locais que o filme exigia. Não possuía. No máximo dava para filmar duas ou três cenas. O administrador e seu auxiliar quiseram então nos mostrar uma figueira, famosa na região pelo tamanho da sua copa e que ficava no alto de um morro e a uma distância de 200 metros da estrada. Estacionamos os carros, passamos pela cerca, e caminhamos morro acima através do pasto. Os dois começaram a forçar o passo. Eu sou caipira e sei que esse pessoal do interior é louco para pregar peças em gente da capital. O pessoal da produtora foi ficando para trás e eu os acompanhava. Eles forçaram mais e ficaram intrigados por eu continuar a andar no mesmo ritmo. Aos poucos eu acelerei e os dois foram ficando, embora fizessem um grande esforço para me acompanhar. Cheguei na figueira, que de fato era de tamanho impressionante, uns 30 metros na frente. Os dois chegaram com a língua de fora. Creio que naquela época não deveria haver no mundo cinco diretores de cinema que fossem maratonistas. Os dois tiveram a infelicidade de topar com um, e que estava no auge da forma física.

Cartaz de O Menino da Porteira - 2009

Capítulo XXIX

Novamente *O Menino da Porteira,* Agora com Mais Técnica.

Depois das experiências com longas-metragens eu continuei tocando minha vida em frente, realizando filmes na área publicitária. Foi quando Moracy do Val me procurou com a ideia de refilmar *O Menino da Porteira,* no final dos anos 1990. Como naquele momento não pretendia voltar para o longa, recusei a proposta.

Alguns anos depois, mais precisamente em 2005, aconteceu todo aquele sucesso de *Dois Filhos de Francisco,* chamando a atenção da mídia para um novo público frequentador de cinema, uma parte da população que estava esquecida pelos produtores cinematográficos, mas que havia retornado às salas de exibição por conta da temática mais popular daquele filme. Foi então que a jornalista Maria do Rosário Caetano me procurou, e me fez uma série de perguntas para uma reportagem no blog dela, já que eu havia sido o diretor de *O Menino da Porteira*, também de temática popular. Em praticamente 30 anos, de 1976 a 2005, esta foi a primeira vez que um crítico me procurou para falar sobre *O Menino da Porteira.*

Talvez por conta dessa matéria da Rosário – não sei dizer –, Carlos Heli, do *Jornal do Brasil*, me convidou para fazer uma crítica do filme Do*is Filhos de Francisco* para a coluna *Filme em Questão*. Fui então assistir ao filme torcendo muito para gostar, porque eu não queria escrever uma crítica negativa. Felizmente gostei muito do filme, mas aconteceu algo mais do que gostar. Eu me emocionei com o filme e percebi quanto tinha a ver com a minha vida. Saí do cinema com a sensação de que o meu lado caipira, que andava meio escondido, meio esquecido, de repente estivesse aflorando. O filme mexeu muito comigo e foi assim, mexido, que saí do cinema. Mas era uma sensação boa. Estava me sentindo bem com esta descoberta de que sou um caipira que se urbanizou, mas não perdeu a essência. E, por algum tempo, inconsciente ou não, lamentei ter renegado isso. Lamentei não ter essa clareza em 1964 quando vim para São Paulo. Quando fiz o primeiro *O Menino da Porteira, Mágoa de Boiadeiro* e *Fuscão Preto.* Lamentei os momentos quando disse, quase me desculpando, que tinha realizado estes filmes.

É interessante que quando estudei Sociologia e Política eu li como matéria de Antropologia o livro *Os Parceiros do Rio Bonito*. Mas na época foi mais como obrigação de estudante, e não como interesse pessoal. Eu também me lembro da *Carreira do Divino*, que foi uma peça de teatro que depois foi adaptada para o cinema como *A Marvada Carne,* pelo André Klotzel. Fui assistir e gostei muito. Era inspirada em *Os Parceiros do Rio Bonito*, do Antônio Cândido. De qualquer maneira, ver *Dois Filhos de Francisco* acabou mexendo muito em toda esta *caipirice* que de uma forma ou de outra estava adormecida dentro de mim.

Mexido e remexido, fui reler *Os Parceiros do Rio Bonito* com outros olhos e foi interessante que em alguns momentos eu tive a impressão que o Antônio Cândido estivesse falando de mim. Esta releitura com novo interesse despertou minha identificação. E tenho me perguntado se, talvez, a grande identificação que o público da época teve com o filme não esteja na *aura* de quem realizou, por estar retratando o seu meio?

Enfim, depois de pensar bastante, liguei para o Moracy e finalmente aceitei a proposta dele para fazer um remake de *O Menino da Porteira*. Acabou saindo na imprensa que o Moracy teve a ideia de refilmar *O Menino da Porteira* motivado pelo sucesso de *Dois Filhos de Francisco*. Não é bem assim. Muito antes da estreia *de Dois Filhos de Francisco*, Moracy já insistia comigo sobre a ideia do remake. Ele foi um visionário, ele percebeu este mercado bem antes. Fui eu que só aceitei a proposta de Moracy após ter visto o sucesso de *Dois Filhos...*

Jeremias Moreira filmando

E foi muito bom retomar! Eu tinha uma dívida com o filme, tanto na parte técnica, quanto na questão da autenticidade do caipira. Refazer *O Menino da Porteira* era um pouco saldar tais dívidas. A questão técnica vinha não somente da evolução que o cinema sofreu em todos estes anos, mas, também, do meu próprio aprendizado de mais de 30 anos fazendo publicidade e filmando quase toda semana. Cada filme feito é uma evolução, mesmo porque a publicidade possibilita o contato com o que há de mais moderno em equipamento e tecnologia. O Jeremias que foi fazer *O Menino da Porteira* 2009 era um profissional bem mais maduro que o Jeremias que fez *O Menino da Porteira* 1976. Eu sabia que só haveria sentido em refazer o filme se eu tivesse todas as condições para fazer um bom trabalho. Caso contrário, não valeria a pena. E felizmente eu tive todas as condições.

Eu imaginava que este filme poderia fazer o mesmo sucesso do primeiro, e que isso possibilitaria dar continuidade em outras produções. Pensei também neste lado comercial. Os diretores brasileiros que se destacam no cinema também já beberam da fonte da publicidade. Eu estava muito seguro em dirigir um longa depois de tanto tempo porque eu nunca parei de me exercitar com a publicidade. Seja na parte técnica, seja no trabalho com atores.

Daniel com a boiada

Assim, fui dirigir o remake de *O Menino da Porteira* com muita certeza do que eu queria, com o roteiro bastante trabalhado. Pesquisei inicialmente a alternativa de sair totalmente do perfil do primeiro filme, para tentar algo bem diferente. Criamos algumas tentativas, mas não gostei de nenhuma. Sempre achei a trama original melhor, e, quando vi, já tinha voltado para esta opção. Porém, fizemos diversas alterações no roteiro original.

Porteira cenográfica do filme O Menino da Porteira - *2009*

Daniel e João Pedro de Carvalho, que interpretaram Diogo e o menino Rodrigo

Capítulo XXX

Daniel, a Primeira Escolha

No primeiro filme, a combinação *O Menino da Porteira*/ Sérgio Reis motivou o público a entrar no cinema. Uma vez que o público entrava, ele gostava do que assistia, já que os problemas técnicos do filme eram muito mais do meu olhar de cineasta que da plateia em geral.

Resolvemos então repetir esta fórmula: usar um nome ligado ao segmento caipira para atrair o grande público. Vários nomes vieram à nossa mente e o cantor Daniel foi um deles. Pesquisa do *Datafolha* havia apontado o Daniel como o quarto nome de maior prestígio da música brasileira. Ele possui fãs-clubes que somam 150 mil associadas e um time de futebol que faz exibições beneficentes pelo Brasil afora, sempre lotando estádios. Ele nasceu em Brotas, interior de São Paulo, e tem fortes ligações com a música sertaneja de raiz. Nasceu e cresceu impregnado de cultura caipira. Tudo passou a indicar que Daniel era o nome. Conversamos com ele, que aceitou imediatamente, tanto que não foi preciso conversar com mais ninguém. Impus então algumas condições, como ele se preparar e fazer um curso rápido de atuação, e ele cumpriu tudo à risca. Bastante disciplinado, Daniel vestiu a camisa do projeto e facilitou muito o nosso trabalho. Foi muito bom e muito fácil trabalhar com ele.

Ao escolher um cantor para fazer o trabalho de ator, parte-se de uma matéria-prima que já tem sensibilidade, capacidade de interpretação, comunicação com o público e domínio de palco. Quando o diretor fornece a este cantor instrumentos de interpretação, ele consegue realizar um bom trabalho. No cinema, o papel do diretor é muito importante, não apenas no sentido de conduzir o ator para encontrar a emoção adequada, mas também de situá-lo no tempo e no espaço do filme. Assim que se localiza, é o pró-

prio ator que encontra a emoção e a empresta ao personagem. As filmagens são feitas fora da ordem cronológica. É diferente do teatro, que é linear. No cinema, o diretor precisa situar o ator, dizer exatamente o que acontece naquela determinada cena, o que já aconteceu na cena anterior e na trama, o que ainda vai acontecer, indicar sentimentos, mostrar de que forma os sentimentos do personagem são afetados pelo o que já aconteceu e assim por diante.

Cabe ao diretor, também, dosar o tom da interpretação. O diretor fornece elementos para o ator encontrar este tom, e não foi diferente com Daniel.

Cinema é uma arte coletiva. Não tem como não ser coletiva. Existe toda uma aura em torno do diretor, mas ninguém faz filme sozinho. Nem o diretor. Às vezes um maquinista viabiliza um plano. É puro trabalho em equipe. Todas as funções dentro do cinema são importantes, mas no meu cinema eu elegi duas que eu considero estar um degrau acima: o ator e o roteiro. Na minha forma de ver, se o ator está bem no filme, e outros componentes não estão assim tão bem, o ator segura. E um bom texto ajuda o ator a segurar.

Como diretor, como contador de histórias, eu me apeguei muito à valorização do trabalho do ator. Acredito e sempre acreditei que os diretores brasileiros, com raras exceções, não sabem trabalhar com ator. Eu procurei aprender sempre a trabalhar com ator. Fui estudar atuação com Eugênio Kusnet, com Sílvio Zilber e com o Iacov Hilel. Tive a felicidade de trabalhar com diretores que também tinham o foco voltado para o ator, como Person, Roberto Palmari e Roberto Santos. Quis conhecer o método *Stanislavski*, quis conhecer Viola Spolin. Unindo os métodos de *Stanislavski* e de Viola Spolin acabei criando um método misto e comecei a aplicá-lo em publicidade. E deu certo. É um processo que funciona igualmente muito bem com criança, pois o diretor propõe improvisações para chegar no personagem por dentro. Não se aplica o texto, logo de início.

No caso de *O Menino da Porteira*, como eu não tinha tempo porque estava envolvido com todos os detalhes do filme, contratei o Luís Mário para preparar não só o Daniel como todo o elenco. Tudo foi pensado minuciosamente. Em nenhum momento tive receio que o Daniel não rendesse. Eu tinha certeza que ele ia se sair bem, porque consegui perceber a sensibilidade que ele tem. Ele é um intérprete. Ver o Daniel interpretando suas músicas é sentir que por trás daquele cantor existe um ator muito sensível. É tudo questão de instrumentalizá-lo. Na medida em que Luís Mário instrumentalizou Daniel, ele respondeu, e eu tinha certeza que ele responderia.

No filme, evitei ao máximo o improviso. Claro que sempre permito ao ator mexer na fala para melhor *encaixar* no seu jeito, porém, desde que mantenha o sentido. Já trabalhei com improviso em algumas situações, mas me decidi pela linguagem clássica para fazer *O Menino da Porteira*. Quando faço a preparação do ator, eu trabalho muito com improviso para chegar no clássico. Para dizer a verdade, eu prefiro o clássico que tem a ver com meu jeito mais assentado, mais calmo. Improvisei muito no *Galera*, que era uma linguagem voltada para o público jovem, com muita câmera na mão e liberdade de movimentação para os atores. Era uma linguagem irrequieta, bem ao estilo do jovem que vê televisão, joga videogame, fala ao celular enquanto está no youtube, tudo ao mesmo tempo. Então era a linguagem adequada. Mas para *O Menino da Porteira* optei mesmo pelo clássico, e todo o elenco respondeu muito bem. Acredito que o ator curte quando está sob o comando de um diretor que faz o trabalho dele aparecer, que trabalha junto e deixa para ele a responsabilidade de encontrar a emoção e o tom do seu jeito. Acredito que todo elenco do filme tenha gostado da forma como trabalho. E, quanto a eles, senti total entrega de corpo e alma.

Daniel interpreta Diogo

Capítulo XXXI

Proposta de um *Western Brasileiro*

São nítidas as influências do *western* em *O Menino da Porteira*, mas isso acontece não porque eu, pessoalmente, goste ou deixe de gostar de filmes americanos deste gênero. Isso ocorre porque o Brasil foi muito influenciado pelos *westerns* de Hollywood, principalmente na época em que o filme é ambientado. E certamente eu precisava levar isso para a tela.

O cinema americano tem uma diversidade muito grande, mas, basicamente, quem segurou a indústria foi o *western*. Faziam-se muitos *westerns* e o público americano consumia muito, pois, afinal, era a base da história deles, a base da colonização. E é interessante notar que tanto a colonização norte-americana quanto a brasileira tiveram suas economias baseada no campo, na agricultura, no meio rural, e só mais tarde na indústria e nas cidades. Há um paralelo a ser traçado aí.

Os primeiros *westerns* americanos eram muito ingênuos. Mas depois eles foram evoluindo até resultar nos *westerns* fantásticos dos quais gostamos tanto. O cinema americano encontrou uma linguagem atraente para os *westerns* e um jeito de sofisticar a realidade. Como no filme *Butch Cassidy and the Sundance Kid*, por

José de Abreu e Daniel, como Major e Diogo respectivamente

Vanessa Giácomo e Daniel em O Menino da Porteira - 2009

exemplo, que romantizou ao máximo as histórias daqueles dois pistoleiros, criando um mito, uma fantasia. Nossa realidade não está tão distante da realidade americana, pois assim como eles nós também tivemos lutas por terra e banditismo. A diferença é que o cinema brasileiro não pegou bandidos nacionais para popularizar na tela de uma maneira sofisticada, isto é, da mesma forma que fizeram os americanos. O *saca-rápido* americano, por exemplo, nunca existiu. Aquela história de duelos ao pôr do sol, pistoleiros rapidíssimos, tudo é invenção dos roteiristas de Hollywood. O filme *Gunfight at the O. K. Corral,* de John Sturges, que no Brasil chamou-se *Sem Lei e Sem Alma*, mostra Burt Lancaster e Kirk Douglas caminhando heroicamente para enfrentar os irmãos Dalton no O.K. Curral, na cidade de Tombstone. O glamour que o filme mostra está muito longe do que foi o tiroteio real, que teve gente que levou tiro na bunda e outros que correram de medo.

No cinema, ao se construir um roteiro, é preciso levar emoção dramaturgicamente para a tela. O cinema brasileiro fez isso em *O Cangaceiro*, que retratou o cangaço de uma forma cinematográfica, dramatúrgica, distante da realidade. O cangaceiro real andava a pé, raramente tinha um cavalo. Mas, na verdade, o Brasil consumia muito cinema americano na década de 1950.

José de Abreu, o Major de O Menino da Porteira *- 2009*

João Pedro de Carvalho em O Menino da Porteira *- 2009*

Em Taquaritinga, onde nasci e vivi até aos 13 anos, vários boiadeiros se vestiam como os caubóis dos filmes americanos. Naquela época, cinema era o grande entretenimento. Era raro uma cidade não ter cinema e, praticamente, toda a população frequentava, inclusive boiadeiros. Hollywood produzia *westerns* que faziam muito sucesso. Lotavam os cinemas. Eram estrelados por artistas consagrados – Glenn Ford, Cary Cooper, Burt Lancaster, Kirk Douglas, Alan Ladd, Richard Widmark, Audie Murphy e muitos outros.

Assim como o cinema americano influenciou o uso do chapéu e do cigarro, também influenciou as pessoas a se vestirem daquele jeito, com camisa estampada, calça rancheira e lenço no pescoço. Era a influência do cinema americano que se refletia no interior paulista. Muito antes de Barretos e das Festas de Peão, o estilo caubói já era moda por todo o interior. Isto nada mais é do que uma reprodução histórica. As porteiras com a inscrição *Casas Pernambucanas*, que vemos em *O Menino da Porteira*, também são um dado histórico, são a verdade. Em qualquer estrada da região sudeste, praticamente, todas as porteiras tinham a marca das Pernambucanas.E o dono da porteira até sentia certa deferência por isso. Eu só reproduzi um fato real.

João Pedro e Daniel cantam à luz da fogueira

Germano Pereira em O Menino da Porteira - *2009*

Claro que também sou influenciado pelo cinema americano. Eu ia muito ao cinema e assistia de tudo. Muito filme brasileiro – da Vera Cruz, chanchadas da Atlântida –, filmes mexicanos, franceses e italianos, mas a porcentagem de filmes americanos que passava nos cinemas era infinitamente maior. Então é natural essa influência. Mas, no caso, também estou reproduzindo uma realidade que era influenciada por eles. Quando eu reproduzo tudo isso no filme, vejo a influência do cinema americano sobre mim e sobre a população brasileira dos anos 1950, além da questão de colocar na tela algo mais atraente do que o real. Eu não trabalho com a realidade, não sou documentarista. Eu trabalho com a verossimilhança. Às vezes o real é pobre para representar a si próprio. Eu defino verossimilhança como uma linha que fica entre o estereótipo e o real. Se você só faz realismo, vira documentário. Se só faz o estereótipo, fica falso.

Daniel toca o berrante para João Pedro

Vanessa Giácomo

Rosi Campos em O Menino da Porteira - *2009*

Germano Pereira em O Menino da Porteira - *2009*

Capítulo XXXII

Planos, Projetos... Sempre

Sonho com um cinema brasileiro forte, com filmes que conquistem grandes plateias. Pois acredito que cinema é, sobretudo, uma arte que se faz para o grande público.

Temos bons diretores que estão realizando ótimos filmes. No entanto, a grande maioria tem obtido resultado pífio de bilheteria e de espectadores. Acho triste e injusto este quadro.

Não tenho a fórmula, nem sou dono da verdade, mas acredito em filmes com temática popular. Popular no sentido que expresse a emoção e o repertório de vida do homem comum. Cinema popular não significa cinema malfeito e apelativo. Significa, para mim, antes de tudo, cinema que tenha vínculos com a vida e realizado com qualidade e respeito ao público.

Como diz a canção *todo artista tem que ir onde o povo está*.

Não estou propondo realizar unicamente filmes populares. A diversidade é que enriquece a cinematografia de um país. Apenas desejo que os formadores de opinião passem a olhar com respeito quem realiza filme popular, bem-intencionado. Quem sabe seria um estímulo para que mais diretores olhassem nesta direção.

Em 2001 me associei a Van Fresnot e a Dô Hamburguer, da Polithema Filmes, com o objetivo de adaptar para filme o livro *Esmeralda – Por que não dancei*, autobiografia muito humana da Esmeralda Ortiz. A Esmeralda é uma ex-menina de rua que hoje é jornalista. Com o apoio do Gilberto Dimenstein escreveu este livro que é um relato muito cru e real do que leva crianças a viverem nas ruas e como é esta vida. Acreditava que o filme pudesse ter um grande apelo popular, pois o livro fez muito sucesso, despertou a atenção de jovens e foi adotado em diversas escolas como assunto de tema social. Fernando Bonnasi e Victor Navas fizeram o primeiro tratamento do roteiro. A Polithema Filmes habilitou o projeto na Ancine para fazer captação pelas Leis de Incentivo Fiscal, mas o projeto não decolou. Impressionante como as empresas às quais o projeto foi oferecido tinham um pé atrás com tema social. A história da Esmeralda é a de uma pessoa vencedora, alguém que desceu no fundo do poço e surgiu vitoriosa. Mesmo assim só ouvimos não. A Van e a Dô acabaram abrindo mão do projeto e eu ia realizar pela JerêFilmes, mas meu envolvimento com publicidade e toda a implicação que um longa-metragem exige fez com que eu adiasse, mas é um projeto que ainda está nos meus planos.

É interessante lembrar que antes de fazer o remake de *O Menino da Porteira,* ou melhor, antes mesmo de *Dois Filhos de Francisco*, eu queria distância de tema caipira. Agora estou direcionando minha atividade mais para o longa-metragem, inclusive alguns com esta temática. Tenho vários projetos em mente. Acho que realmente o cinema é um bichinho que morde a gente e não larga nunca mais.

Tenho em mente também filmar uma história da Maria Adelaide Amaral, que se chama *Querida Mamãe*. Trata-se de uma peça de teatro encenada em 1995, que conta os desencontros e incompreensões acumuladas na relação entre uma mãe e uma filha que se percebem numa convivência malresolvida. Acredito que seja um tema que acontece em qualquer família, independentemente de classe social. E nesse sentido é um tema popular.

Também tenho um projeto de fazer um filme composto de várias histórias que se cruzam e que se passa durante a Festa de Peão na cidade de Barretos, o qual é um rodeio gigantesco que acontece anualmente. Aliás, uma das ideias que descartamos para fazer a nova versão de *O Menino da Porteira* era um filme atual, em que um menino, de alguma forma, estaria envolvido com o mundo de rodeio. O Brasil tem em torno de 1,2 mil rodeios por ano, que movimentam enorme quantia de dinheiro. No filme que não foi feito, haveria uma rádio que tocava músicas e novelas caipiras. E uma das novelas seria *O Menino da Porteira*, na qual o menino se imaginaria o protagonista. Eu faria o flashback do que ele imaginava. Mas depois percebi que Barretos dava um filme próprio. Porém, o projeto tem certa complexidade, por isso adiei para um momento mais oportuno.

Outra ideia que me fascina surgiu há algum tempo, quando li uma matéria sobre um brasileiro negro que foi adotado por uma família americana branca. O rapaz teve problemas de identidade com esta família, que o deixou, e ele acabou sendo adotado por outra família, que também não deu certo. Depois de se meter numa briga, este protagonista acabou deportado para o Brasil aos 20 anos de idade e, quando chegou aqui, não era nem mais brasileiro, e também não chegava a ser americano. Eu me interessei por esta história, que é muito humana, e talvez eu ainda a filme.

Daniel e Jeremias

A cabeça está sempre cheia de projetos. É uma pena a estrutura cinematográfica brasileira ser baseada no cinema quase de autor. O diretor que tem seu projeto precisa obrigatoriamente correr atrás para legalizá-lo, entrar nas leis de incentivo e depois dar um duro para conseguir investidor. Mesmo com a existência das Leis de Incentivo Fiscal, que isentam o investidor de pagar o imposto de renda referente à quantia aplicada nos filmes, é difícil convencer as empresas a fazer uso desse mecanismo. É uma pena que no Brasil não haja uma produção em larga escala.

Como diretor, eu gostaria de ser contratado para dirigir e me concentrar apenas nas implicações referentes à direção, mas na forma como o nosso cinema está estruturado isso é muito difícil, praticamente impossível. Lamento também a classe empresarial, no Brasil, não olhar para o cinema como um negócio. Claro que na minha utopia sonho com empresários que entendessem do assunto, tivessem bom gosto e realizassem filmes de boa qualidade. Estes empresários também saberiam negociar seus filmes melhor do que nós, os diretores, que temos de nos transformar em negociantes. No nosso esquema é preciso ir atrás dos projetos, envolver-se em todos os setores, em todos os detalhes, praticamente atuar como produtor, enfim, transformar-se em homem de negócios, coisa que eu não gosto de fazer.

Mas, infelizmente, é o jeito.

Cronologia

2009

• ***O Menino da Porteira***. Com Daniel, Vanessa Giácomo, José de Abreu, João Pedro Carvalho.
Direção, roteiro, produção.

1982

• ***Fuscão Preto.*** Com Almir Rogério, Xuxa Meneghel.
Direção, roteiro.

1980

• ***Ato de Violência.*** Direção de Eduardo Escorel. Com Nuno Leal Maia, Selma Egrei.
Produção, assistência de direção.

1977

• ***Mágoa de Boiadeiro.*** Com Sérgio Reis, Márcio Costa, Jorge Karan.
Direção, roteiro, produção executiva, montagem.

1976

• ***O Menino da Porteira.*** Com Sérgio Reis, Márcio Costa, Jofre Soares.
Roteiro, direção, montagem.

1975

• ***Efigênia Dá Tudo que Tem.*** Direção de Olivier Perroy. Com Etty Fraser, Ricardo Petraglia, Nádia Lippi.
Produção, montagem.

1975

• ***O Predileto.*** Direção de Roberto Palmari. Com Jofre Soares, Othon Bastos, Célia Helena, Wanda Kosmo, Suzana Gonçalves, Fernando Peixoto.
Direção de produção.

1971

• ***Pantanal de Sangue***. Direção de Reynaldo Paes de Barros. Com Chico de Franco, Elza de Castro, Milton Ribeiro, Jorge Karan.
Produção, assistência de direção.

Índice

No Passado Está a História do Futuro – Alberto Goldman 5

Coleção Aplauso – Hubert Alquéres 7

Diretor que é diretor não grita – Celso Sabadin 13

Eu era produtor executivo e não sabia. 19

Tudo Começou com os Irmãos Marx... em Taquaritinga 21

Luzes, Forno de Barro, Ação! 23

Conselho: Aparecer na Boca! 29

São Paulo: 14 Numa República 33

A Sorte de Cruzar com Camilo Sampaio e Person 37

1971: *Pantanal de Sangue*, o Primeiro Longa 45

Dirigir Ator é Preciso! 51

Após *O Predileto*, Maior Dedicação ao Longa 57

Afinal, *O Menino da Porteira* 61

O Primeiro Menino, uma Garra Incrível 71

Na Tela, Sérgio Reis com Voz de John Wayne 79

Zé Coqueiro e Filoca Caíram do Céu 83

Na Complicada Matemática da Época, Ninguém Sabe a Bilheteria de *O Menino da Porteira* 87

Ivo Nicolleti, o Segredo do Sucesso do Primeiro *O Menino da Porteira* 91

Público Excelente. Crítica Inexistente 97

O Inconsciente Coletivo da Cena Final 99

Mágoa de Boiadeiro: Tentativa de Reprisar o Sucesso 103

Preconceitos contra o Caipira 107

Arroz e Feijão com Roberto Santos 111

Depois de *Ato de Violência,* Xuxa e o *Fuscão Preto* 113

De Volta à Publicidade 121

Na Hora, no Lugar e com a Pessoa Certa por Duas Vezes 123

A Criação de Toda uma Família 127

Criar Medo Faz Parte da Profissão 135

Um Leão no Meio do Caminho 139

A JerêFilmes 143

Galera, Além do seu Tempo 155

Um Cineasta de Fôlego, que Corre 42.195 metros 157

Novamente *O Menino da Porteira,* Agora com Mais Técnica. 173

Daniel, a Primeira Escolha 181

Proposta de um *Western Brasileiro* 187

Planos, Projetos... Sempre 197

Cronologia 203

Crédito das Fotografias

Demais fotografias pertencem ao acervo de Jeremias Moreira

Fabio Mattos (Divulgação) 176, 178, 179, 180, 186, 188, 190, 192, 194, 195, 201

A despeito dos esforços de pesquisa empreendidos pela Editora para identificar a autoria das fotos expostas nesta obra, parte delas não é de autoria conhecida de seus organizadores.
Agradecemos o envio ou comunicação de toda informação relativa à autoria e/ou a outros dados que porventura estejam incompletos, para que sejam devidamente creditados.

Coleção Aplauso

Série Cinema Brasil

Alain Fresnot – Um Cineasta sem Alma
Alain Fresnot

Agostinho Martins Pereira – Um Idealista
Máximo Barro

Alfredo Sternheim – Um Insólito Destino
Alfredo Sternheim

O Ano em Que Meus Pais Saíram de Férias
Roteiro de Cláudio Galperin, Bráulio Mantovani, Anna Muylaert e Cao Hamburger

Anselmo Duarte – O Homem da Palma de Ouro
Luiz Carlos Merten

Antonio Carlos da Fontoura – Espelho da Alma
Rodrigo Murat

Ary Fernandes – Sua Fascinante História
Antônio Leão da Silva Neto

O Bandido da Luz Vermelha
Roteiro de Rogério Sganzerla

Batismo de Sangue
Roteiro de Dani Patarra e Helvécio Ratton

Bens Confiscados
Roteiro comentado pelos seus autores Daniel Chaia e Carlos Reichenbach

Braz Chediak – Fragmentos de uma Vida
Sérgio Rodrigo Reis

Cabra-Cega
Roteiro de Di Moretti, comentado por Toni Venturi e Ricardo Kauffman

O Caçador de Diamantes
Roteiro de Vittorio Capellaro, comentado por Máximo Barro

Carlos Coimbra – Um Homem Raro
Luiz Carlos Merten

Carlos Reichenbach – O Cinema Como Razão de Viver
Marcelo Lyra

A Cartomante
Roteiro comentado por seu autor Wagner de Assis

Casa de Meninas
Romance original e roteiro de Inácio Araújo

O Caso dos Irmãos Naves
Roteiro de Jean-Claude Bernardet e Luis Sérgio Person

O Céu de Suely
Roteiro de Karim Aïnouz, Felipe Bragança e Maurício Zacharias

Chega de Saudade
Roteiro de Luiz Bolognesi

Cidade dos Homens
Roteiro de Elena Soárez

Como Fazer um Filme de Amor
Roteiro escrito e comentado por Luiz Moura e José Roberto Torero

O Contador de Histórias
Roteiro de Luiz Villaça, Mariana Veríssimo, Maurício Arruda e José Roberto Torero

Críticas de B.J. Duarte – Paixão, Polêmica e Generosidade
Luiz Antonio Souza Lima de Macedo

Críticas de Edmar Pereira – Razão e Sensibilidade
Org. Luiz Carlos Merten

Críticas de Jairo Ferreira – Críticas de invenção:
Os Anos do São Paulo Shimbun
Org. Alessandro Gamo

Críticas de Luiz Geraldo de Miranda Leão – Analisando Cinema: Críticas de LG
Org. Aurora Miranda Leão

Críticas de Ruben Biáfora – A Coragem de Ser
Org. Carlos M. Motta e José Júlio Spiewak

De Passagem
Roteiro de Cláudio Yosida e Direção de Ricardo Elias

Desmundo
Roteiro de Alain Fresnot, Anna Muylaert e Sabina Anzuategui

Djalma Limongi Batista – Livre Pensador
Marcel Nadale

Dogma Feijoada: O Cinema Negro Brasileiro
Jeferson De

Dois Córregos
Roteiro de Carlos Reichenbach

A Dona da História
Roteiro de João Falcão, João Emanuel Carneiro e Daniel Filho

Os 12 Trabalhos
Roteiro de Cláudio Yosida e Ricardo Elias

Estômago
Roteiro de Lusa Silvestre, Marcos Jorge e Cláudia da Natividade

Feliz Natal
Roteiro de Selton Mello e Marcelo Vindicatto

Fernando Meirelles – Biografia Prematura
Maria do Rosário Caetano

Fim da Linha
Roteiro de Gustavo Steinberg e Guilherme Werneck; Storyboards de Fábio Moon e Gabriel Bá

Fome de Bola – Cinema e Futebol no Brasil
Luiz Zanin Oricchio

Francisco Ramalho Jr. – Éramos Apenas Paulistas
Celso Sabadin

Geraldo Moraes – O Cineasta do Interior
Klecius Henrique

Guilherme de Almeida Prado – Um Cineasta Cinéfilo
Luiz Zanin Oricchio

Helvécio Ratton – O Cinema Além das Montanhas
Pablo Villaça

O Homem que Virou Suco
Roteiro de João Batista de Andrade, organização de Ariane Abdallah e Newton Cannito

Ivan Cardoso – O Mestre do Terrir
Remier

João Batista de Andrade – Alguma Solidão e Muitas Histórias
Maria do Rosário Caetano

Jorge Bodanzky – O Homem com a Câmera
Carlos Alberto Mattos

José Antonio Garcia – Em Busca da Alma Feminina
Marcel Nadale

José Carlos Burle – Drama na Chanchada
Máximo Barro

Liberdade de Imprensa – O Cinema de Intervenção
Renata Fortes e João Batista de Andrade

Luiz Carlos Lacerda – Prazer & Cinema
Alfredo Sternheim

Maurice Capovilla – A Imagem Crítica
Carlos Alberto Mattos

Mauro Alice – Um Operário do Filme
Sheila Schvarzman

Máximo Barro – Talento e Altruísmo
Alfredo Sternheim

Miguel Borges – Um Lobisomem Sai da Sombra
Antônio Leão da Silva Neto

Não por Acaso
Roteiro de Philippe Barcinski, Fabiana Werneck Barcinski e Eugênio Puppo

Narradores de Javé
Roteiro de Eliane Caffé e Luís Alberto de Abreu

Olhos Azuis
Argumento de José Joffily e Jorge Duran
Roteiro de Jorge Duran e Melanie Dimantas

Onde Andará Dulce Veiga
Roteiro de Guilherme de Almeida Prado

Orlando Senna – O Homem da Montanha
Hermes Leal

Pedro Jorge de Castro – O Calor da Tela
Rogério Menezes

Quanto Vale ou É por Quilo
Roteiro de Eduardo Benaim, Newton Cannito e Sergio Bianchi

Ricardo Pinto e Silva – Rir ou Chorar
Rodrigo Capella

Rodolfo Nanni – Um Realizador Persistente
Neusa Barbosa

Salve Geral
Roteiro de Sergio Rezende e Patrícia Andrade

O Signo da Cidade
Roteiro de Bruna Lombardi

Ugo Giorgetti – O Sonho Intacto
Rosane Pavam

Viva-Voz
Roteiro de Márcio Alemão

Vladimir Carvalho – Pedras na Lua e Pelejas no Planalto
Carlos Alberto Mattos

Vlado – 30 Anos Depois
Roteiro de João Batista de Andrade

Zuzu Angel
Roteiro de Marcos Bernstein e Sergio Rezende

Série Cinema

Bastidores – Um Outro Lado do Cinema
Elaine Guerini

Série Ciência & Tecnologia

Cinema Digital – Um Novo Começo?
Luiz Gonzaga Assis de Luca

A Hora do Cinema Digital – Democratização e Globalização do Audiovisual
Luiz Gonzaga Assis De Luca

Série Crônicas

Crônicas de Maria Lúcia Dahl – O Quebra-cabeças
Maria Lúcia Dahl

Série Dança

Rodrigo Pederneiras e o Grupo Corpo – Dança Universal
Sérgio Rodrigo Reis

Série Música

Maestro Diogo Pacheco – Um Maestro para Todos
Alfredo Sternheim

Rogério Duprat – Ecletismo Musical
Máximo Barro

Sérgio Ricardo – Canto Vadio
Eliana Pace

Wagner Tiso – Som, Imagem, Ação
Beatriz Coelho Silva

Série Teatro Brasil

Alcides Nogueira – Alma de Cetim
Tuna Dwek

Antenor Pimenta – Circo e Poesia
Danielle Pimenta

Cia de Teatro Os Satyros – Um Palco Visceral
Alberto Guzik

Críticas de Clóvis Garcia – A Crítica Como Ofício
Org. Carmelinda Guimarães

Críticas de Maria Lucia Candeias – Duas Tábuas e Uma Paixão
Org. José Simões de Almeida Júnior

Federico Garcia Lorca – Pequeno Poema Infinito
Antonio Gilberto e José Mauro Brant

Ilo Krugli – Poesia Rasgada
Ieda de Abreu

João Bethencourt – O Locatário da Comédia
Rodrigo Murat

José Renato – Energia Eterna
Hersch Basbaum

Leilah Assumpção – A Consciência da Mulher
Eliana Pace

Luís Alberto de Abreu – Até a Última Sílaba
Adélia Nicolete

Maurice Vaneau – Artista Múltiplo
Leila Corrêa

Renata Palottini – Cumprimenta e Pede Passagem
Rita Ribeiro Guimarães

Teatro Brasileiro de Comédia – Eu Vivi o TBC
Nydia Licia

O Teatro de Abílio Pereira de Almeida
Abílio Pereira de Almeida

O Teatro de Aimar Labaki
Aimar Labaki

O Teatro de Alberto Guzik
Alberto Guzik

O Teatro de Antonio Rocco
Antonio Rocco

O Teatro de Cordel de Chico de Assis
Chico de Assis

O Teatro de Emílio Boechat
Emílio Boechat

O Teatro de Germano Pereira – Reescrevendo Clássicos
Germano Pereira

O Teatro de José Saffioti Filho
José Saffioti Filho

O Teatro de Alcides Nogueira – Trilogia: Ópera Joyce – Gertrude Stein, Alice Toklas & Pablo Picasso – Pólvora e Poesia
Alcides Nogueira

O Teatro de Ivam Cabral – Quatro textos para um teatro veloz: Faz de Conta que tem Sol lá Fora – Os Cantos de Maldoror – De Profundis – A Herança do Teatro
Ivam Cabral

O Teatro de Noemi Marinho: Fulaninha e Dona Coisa, Homeless, Cor de Chá, Plantonista Vilma
Noemi Marinho

Teatro de Revista em São Paulo – De Pernas para o Ar
Neyde Veneziano

O Teatro de Samir Yazbek: A Entrevista – O Fingidor – A Terra Prometida
Samir Yazbek

O Teatro de Sérgio Roveri
Sérgio Roveri

Teresa Aguiar e o Grupo Rotunda – Quatro Décadas em Cena
Ariane Porto

Série Perfil

Analy Alvarez – De Corpo e Alma
Nicolau Radamés Creti

Aracy Balabanian – Nunca Fui Anjo
Tania Carvalho

Arllete Montenegro – Fé, Amor e Emoção
Alfredo Sternheim
Ary Fontoura – Entre Rios e Janeiros
Rogério Menezes
Berta Zemel – A Alma das Pedras
Rodrigo Antunes Corrêa
Bete Mendes – O Cão e a Rosa
Rogério Menezes
Betty Faria – Rebelde por Natureza
Tania Carvalho
Carla Camurati – Luz Natural
Carlos Alberto Mattos
Cecil Thiré – Mestre do seu Ofício
Tania Carvalho
Celso Nunes – Sem Amarras
Eliana Rocha
Cleyde Yaconis – Dama Discreta
Vilmar Ledesma
David Cardoso – Persistência e Paixão
Alfredo Sternheim
Débora Duarte – Filha da Televisão
Laura Malin
Denise Del Vecchio – Memórias da Lua
Tuna Dwek
Elisabeth Hartmann – A Sarah dos Pampas
Reinaldo Braga
Emiliano Queiroz – Na Sobremesa da Vida
Maria Leticia
Emilio Di Biasi – O Tempo e a Vida de um Aprendiz
Erika Riedel

Etty Fraser – Virada Pra Lua
Vilmar Ledesma

Ewerton de Castro – Minha Vida na Arte: Memória e Poética
Reni Cardoso

Fernanda Montenegro – A Defesa do Mistério
Neusa Barbosa

Fernando Peixoto – Em Cena Aberta
Marília Balbi

Geórgia Gomide – Uma Atriz Brasileira
Eliana Pace

Gianfrancesco Guarnieri – Um Grito Solto no Ar
Sérgio Roveri

Glauco Mirko Laurelli – Um Artesão do Cinema
Maria Angela de Jesus

Ilka Soares – A Bela da Tela
Wagner de Assis

Irene Ravache – Caçadora de Emoções
Tania Carvalho

Irene Stefania – Arte e Psicoterapia
Germano Pereira

Isabel Ribeiro – Iluminada
Luis Sergio Lima e Silva

Isolda Cresta – Zozô Vulcão
Luis Sérgio Lima e Silva

Joana Fomm – Momento de Decisão
Vilmar Ledesma

John Herbert – Um Gentleman no Palco e na Vida
Neusa Barbosa

Jonas Bloch – O Ofício de uma Paixão
Nilu Lebert

Jorge Loredo – O Perigote do Brasil
Cláudio Fragata

José Dumont – Do Cordel às Telas
Klecius Henrique

Leonardo Villar – Garra e Paixão
Nydia Licia

Lília Cabral – Descobrindo Lília Cabral
Analu Ribeiro

Lolita Rodrigues – De Carne e Osso
Eliana Castro

Louise Cardoso – A Mulher do Barbosa
Vilmar Ledesma

Marcos Caruso – Um Obstinado
Eliana Rocha

Maria Adelaide Amaral – A Emoção Libertária
Tuna Dwek

Marisa Prado – A Estrela, O Mistério
Luiz Carlos Lisboa

Mauro Mendonça – Em Busca da Perfeição
Renato Sérgio

Miriam Mehler – Sensibilidade e Paixão
Vilmar Ledesma

Naum Alves de Souza: Imagem, Cena, Palavra
Alberto Guzik

Nicette Bruno e Paulo Goulart – Tudo em Família
Elaine Guerrini

Nívea Maria – Uma Atriz Real
Mauro Alencar e Eliana Pace

Niza de Castro Tank – Niza, Apesar das Outras
Sara Lopes

Paulo Betti – Na Carreira de um Sonhador
Teté Ribeiro

Paulo José – Memórias Substantivas
Tania Carvalho

Paulo Hesse – A Vida Fez de Mim um Livro e Eu Não Sei Ler
Eliana Pace

Pedro Paulo Rangel – O Samba e o Fado
Tania Carvalho

Regina Braga – Talento é um Aprendizado
Marta Góes

Reginaldo Faria – O Solo de Um Inquieto
Wagner de Assis

Renata Fronzi – Chorar de Rir
Wagner de Assis

Renato Borghi – Borghi em Revista
Élcio Nogueira Seixas

Renato Consorte – Contestador por Índole
Eliana Pace

Rolando Boldrin – Palco Brasil
Ieda de Abreu

Rosamaria Murtinho – Simples Magia
Tania Carvalho

Rubens de Falco – Um Internacional Ator Brasileiro
Nydia Licia

Ruth de Souza – Estrela Negra
Maria Ângela de Jesus

Sérgio Hingst – Um Ator de Cinema
Máximo Barro
Sérgio Viotti – O Cavalheiro das Artes
Nilu Lebert
Silnei Siqueira – A Palavra em Cena
Ieda de Abreu
Silvio de Abreu – Um Homem de Sorte
Vilmar Ledesma
Sônia Guedes – Chá das Cinco
Adélia Nicolete
Sonia Maria Dorce – A Queridinha do meu Bairro
Sonia Maria Dorce Armonia
Sonia Oiticica – Uma Atriz Rodriguiana?
Maria Thereza Vargas
Stênio Garcia – Força da Natureza
Wagner Assis
Suely Franco – A Alegria de Representar
Alfredo Sternheim
Tatiana Belinky – ... E Quem Quiser Que Conte Outra
Sérgio Roveri
Theresa Amayo – Ficção e Realidade
Theresa Amayo
Tony Ramos – No Tempo da Delicadeza
Tania Carvalho
Umberto Magnani – Um Rio de Memórias
Adélia Nicolete
Vera Holtz – O Gosto da Vera
Analu Ribeiro
Vera Nunes – Raro Talento
Eliana Pace

Walderez de Barros – Voz e Silêncios
Rogério Menezes

Walter George Durst – Doce Guerreiro
Nilu Lebert

Zezé Motta – Muito Prazer
Rodrigo Murat

Especial

Agildo Ribeiro – O Capitão do Riso
Wagner de Assis

Av. Paulista, 900 – a História da TV Gazeta
Elmo Francfort

Beatriz Segall – Além das Aparências
Nilu Lebert

Carlos Zara – Paixão em Quatro Atos
Tania Carvalho

Célia Helena – Uma Atriz Visceral
Nydia Licia

Charles Möeller e Claudio Botelho – Os Reis dos Musicais
Tania Carvalho

Cinema da Boca – Dicionário de Diretores
Alfredo Sternheim

Dina Sfat – Retratos de uma Guerreira
Antonio Gilberto

Eva Todor – O Teatro de Minha Vida
Maria Angela de Jesus

Eva Wilma – Arte e Vida
Edla van Steen

Gloria in Excelsior – Ascensão, Apogeu e Queda do Maior Sucesso da Televisão Brasileira
Álvaro Moya

Lembranças de Hollywood
Dulce Damasceno de Britto, organizado por Alfredo Sternheim

Maria Della Costa – Seu Teatro, Sua Vida
Warde Marx

Mazzaropi – Uma Antologia de Risos
Paulo Duarte

Ney Latorraca – Uma Celebração
Tania Carvalho

Odorico Paraguaçu: O Bem-amado de Dias Gomes – História de um Personagem Larapista e Maquiavelento
José Dias

Raul Cortez – Sem Medo de se Expor
Nydia Licia

Rede Manchete – Aconteceu, Virou História
Elmo Francfort

Sérgio Cardoso – Imagens de Sua Arte
Nydia Licia

Tônia Carrero – Movida pela Paixão
Tania Carvalho

TV Tupi – Uma Linda História de Amor
Vida Alves

Victor Berbara – O Homem das Mil Faces
Tania Carvalho

Walmor Chagas – Ensaio Aberto para Um Homem Indignado
Djalma Limongi Batista

Dados Internacionais de Catalogação na Publicação
Biblioteca da Imprensa Oficial do Estado de São Paulo

Sabadin, Celso
Jeremias Moreira : o cinema como ofício / Celso Sabadin. -- São Paulo : Imprensa Oficial do Estado de São Paulo , 2010.
228p.: Il. (Coleção aplauso. Série cinema Brasil / coordenador geral Rubens Ewald Filho).

ISBN 978-85-7060-870-3.

1. Cinema – Produtores e Diretores 2. Cinema – Brasil - História 3. cineastas – Brasil 4. Moreira, Jeremias, 1942 I. Ewald Filho, Rubens. II. Título. III. Série.

CDD 791.430 981

Índice para catálogo sistemático:
1. Cineastas brasileiros : biografia 791.430 981

Foi feito o depósito legal
Lei nº 10.994, de 14/12/2004

Impresso no Brasil / 2010

Imprensa Oficial do Estado de São Paulo
Rua da Mooca, 1921 Mooca
03103-902 São Paulo SP
www.imprensaoficial.com.br/livraria
livros@imprensaoficial.com.br
SAC 0800 01234 01
sac@imprensaoficial.com.br

Coleção Aplauso Série Perfil

Coordenador Geral	Rubens Ewald Filho
Coordenador Operacional e Pesquisa Iconográfica	Marcelo Pestana
Projeto Gráfico	Carlos Cirne
Editor Assistente	Claudio Erlichman
Assistente	Karina Vernizzi
Editoração	Sandra Regina Brazão
	Aline Navarro
Tratamento de Imagens	José Carlos da Silva
Revisão	Dante Pascoal Corradini

Formato: 12 x 18 cm

Tipologia: Frutiger

Papel miolo: Offset LD 90 g/m²

Papel capa: Triplex 250 g/m²

Número de páginas: 228

Editoração, CTP, impressão e acabamento:
Imprensa Oficial do Estado de São Paulo

Nesta edição, respeitou-se o novo
Acordo Ortográfico da Língua Portuguesa